授業づくりサポートBOOKS

新任3年目までに
知っておきたい

子どもの集中を
引き出す

発問の技術

大畑利則 著

JN144895

明治図書

まえがき

　授業は実におもしろいものです。教師の些細な一言で，子どもたちが意欲的にもなるし，その逆にもなります。授業が成立するか否かは，教師が問う「発問」の良し悪しで決定付けられるといっても過言ではありません。
　つまり，「発問」は，授業を決定付けるすべてではないにしても，大きな要素となっているのです。

　教師の発問に対して，子どもたちが次々に発言をして，討論をし，授業の目標に向かって進んでいく——これが発問の役割であり，授業の核でもあります。

　ところが，教師と子どもとが互いに慣れてくると，教師の「これは？」の一言で子どもたちは発問の意図や内容を察知し，教師が求めている答えを導き出すことができるようにもなるかもしれません。しかしそれは，よく見ると，教師の発問に反応しているのは３，４名の子どもで，それもクラスの優秀な子どもであることが多いです。
　多くの子どもは，あまりに抽象的な発問では，一体何を求めているのかがわからず，まったく答えることができません。たとえば，発問の答えが，呼称を求めているのか，それとも原因を求めているのかなどが理解できないのです。一部の子どもだけがわかる発問では，発問の意味がありません。このような発問を繰り返していると，子どもの意欲は減退し，学力の格差はますます広がっていきます。

発問は，けっして一部の子どものものではありません。すべての子どもに問うているものであり，しかも意欲的に解決しようとする気持ちを喚起させるものでなければならないのです。

　本書では，子どもが主体的かつ対話的に深く学ぶために，子どもにとってのおもしろく，価値のある発問づくりの技術やその使い方を紹介します。教師を目指している方や新規採用教員からの，発問づくりについての素朴な質問をもとに組み立てていますので，ご自身の授業を振り返りながらお読みいただき，これからのよりよい授業づくりに役立ててほしいと思います。

大畑　利則

授業がうまくいかない！
それは、**発問が原因**かも
しれません。

➡ 子どもが集中して取り組む**発問の技術**を身につければ、授業がもっと楽しくなります！

CONTENTS

まえがき　2

Chapter 1　キソから考える！　発問づくりの技術

1　発問とは授業の生命線である……………………………………12
2　発問の意図をしっかりと考える…………………………………14
3　子どもの主体性を引き出す「おもしろい発問」とは…………16
4　クラスが停滞する「つまらない発問」とは……………………18
5　発問と動機づけの関係を知る……………………………………20
6　全員が挙手するのがよい発問ではない…………………………24
7　発問は声の速さ・大きさ・抑揚を意識する……………………26
8　発問と両輪を為す「指示」を大切にする………………………28

COLUMN　発問で学級づくり………………………………………30

Chapter 2　子どもが集中する！　発問のつくり方

1　「おもしろい発問」をつくる心構え……………………………34
2　教材勉強→教材研究→発問研究の段階を踏む…………………36
3　発問づくりの各段階で気を付けること…………………………40
4　発問づくりは単元を貫いて考える………………………………44
5　発問には条件設定が欠かせない…………………………………48

6	発問のことばは順序性を大切にする	50
7	発問は子どもの思考に寄り添ってつくる	52
8	発問には子どもにとっての「身近なもの」を取り上げる	54
9	イメージを広げる発問をつくる	56
10	子どもの素朴な疑問を発問につなげる	58
11	子どもの実態とのズレをなくす	60
12	適切な数の発問で思考する時間を確保する	62
13	「よい発問」は子どもたちの課題意識・問題意識とともにある	64

COLUMN 黒板は美しくまとめたほうがよい？ ……………… 66

Chapter 3　学習効果を高める！　発問の使い方

1	「考えさせる発問」で子どもを集中させる	70
2	あえて教師は間違えた発問をする	72
3	書き切ることができる発問にする	74
4	発問には子どものつまずきを生かす	76
5	「わかった」「できた」を促す補助発問を用意する	78
6	一問一答式の発問も活用する	80
7	追い込み発問はしない	82

8	「ところで」は使わない	84
9	「他にはありませんか」は言わない	86
COLUMN	グループ学習さえ設定すれば授業が成立するわけではない	88

Chapter 4 こんなときどうする？発問場面でのトラブルシューティング

タイプ1	「これ，もう知っている！」という子ども	92
タイプ2	学習内容に沿わない発言をする子ども	94
タイプ3	間違うことを極端に恐れる子ども	96
タイプ4	発問の内容を理解できない子ども	98
タイプ5	わかっているのに発言しようとしない子ども	100
タイプ6	学級全体ではなく教師に向かって発言してしまう子ども	102
タイプ7	途中から意欲をなくしてしまう子ども	104

Chapter 5 これでお悩み解決！ 発問にまつわるQ&A

Q1 教師主導にならないように…と言われます。
　　 教え込みはだめなのでしょうか。 108
Q2 授業目標と発問のリンクのさせ方がわかりません。 110
Q3 「なぜ？」「どうして？」と繰り返し発問することの

問題点はなんですか。…………………………………………… 112
Q4　教室のどの子どものレベルにも合わせるためには，発問も
　　学力の低い子どもに合わせなくてはならないのでしょうか。……… 114
Q5　対立を生む発問で「結論なし」のまとめはよいのでしょうか。…… 116
Q6　「授業の落としどころ」と発問にはどんな関係がありますか。…… 118
Q7　発問に対して挙手している子どもを不公平感なく指名するには
　　どうしたらよいでしょうか。………………………………………… 120
Q8　授業時間が残り少なくなると，焦って強引にまとめようと
　　してしまいます。……………………………………………………… 122

あとがき　124

Chapter 1

キソから考える！
発問づくりの技術

発問とは授業の生命線である

　発問とは,そもそも一体なんでしょうか。

　日常生活においては,「発問」ということばは使いません。わからないこと,教えてほしいこと,知りたいことなどを,相手に聞く際には一般的に「質問」ということばを使います。

　しかし,「質問」は,相手に答えを問うものであり,答えがわかっている場合には基本的には用いられません。(ただし,教師がいたずらをした子どもを叱る際に,どんなことをしたかわかっている場合でも「何をしたの?」と問うように,対話の一手法として,「問い」の形で相手から返答を引き出すための「質問」もあります。)

　「発問」は,「質問」とはちょっと違います。「発問」は授業の中で,教師が子どもたちに投げかけるものです。教師はあらかじめ答えを用意・予想し,あるいは答えがわかった上で,子どもたちにあえて問います。これが「発問」です。

　若い先生の授業を見ると,教師がやみくもに「発問」を繰り返し,子どもたちはちんぷんかんぷんという場面があります。教師から発せられる発問＝問いには,ねらい・意図・方向性などが問われます。にもかかわらず,それらがない発問が繰り返されてしまうと,子どもたちの思考を著しく混乱させるばかりとなってしまいます。

　こうなると教師が「発問」をしながら授業を組み立てていくスタイルが,かえって教育効果を下げてしまうことになります。むしろ,教師が学習内容を単純かつ明快に子どもたちに説明する講義式の方が,ずっとわかりやすくて効果的です。

それでも，教師は発問にこだわらなくてはなりません。教師が一方的に話すだけの講義式の授業では，子どもたちの主体的・対話的で深い学びを実現することができない，すなわち，アクティブ・ラーニングの授業にならないからです。

　教師は「発問」によって，子どもたちの学習意欲を引き出し，主体的な学び合いをつくりながら，確かな学力を身に付けさせることを目指しています。効果的な発問によって学びが動機づけられた子どもたちは，自ら解を求めて学習をするようになります。授業の中で成果が見えるようにすれば，成功感・成就感が喚起され，よりいっそう主体的な学びが期待でき，さらに学びを深めることができます。だからこそ，発問づくりは重要なのです。

　しかし，多くの教師は，発問づくりにいつも悩んでいるものです。なぜなら，現実の授業は常にライブ，生ものだからです。せっかくつくった発問も，子どもたちに難しそうな顔をされたり，数人の子どもしか反応しなかったりと，厳しい現実にさらされることもあります。
　「こう聞いたら，このように反応するかなぁ？」「こう問えば，きっとこう答えてくるだろう。」など，子どもたちの実態に応じて発問は変化します。子どもが意欲的に取り組むための発問の技術を身に付ける必要があります。

Point!!

　教師から発せられる発問＝問いは，「授業の生命線」ともいえます。どんな発問を子どもたちに投げかけるかにより，子どもたちが意欲的にもなりますし，無気力にもなります。意欲を喚起させ，学びを育む発問が求められます。

発問の意図をしっかりと考える

　教師の意図が見えない発問をすると，「この授業で授業者は一体何をやりたいのか。」「この授業で何を学ばせたいのか。」など，授業意図がさっぱり伝わらないと評されてしまいます。

　「どのような場面で，どのような発問を投げかけ，子どもたちにどのようなことを学ばせたいか。」などの思いを，教師は授業実践に当たり，しっかりと持って臨むことが必要です。なんでも子どもたちに問えばよいというものではありませんし，教師の発する発問には，必ず意図が必要です。

　教師は授業の舵取りであり，必ず目指す方向を示さなくてはなりません。子どもたちの思考をいたずらに混乱させたり停滞させたりする発問は避け，きちんと意図を持って発問をすべきです。

　意図を持った発問づくりを進めるとき，「ひろげる発問」「しぼる発問」「ふかめる発問」の3つの発問を有効に活用しながら，指導する教師の明確な意図を示し，効果的な使い分けをしていくことが考えられます。

　意図のある代表的な発問は，次のようなねらいで用います。

○ひろげる発問
　・子どもたちの思考を広げ，多様な考えを引き出したいとき
　・多様な考えを幅広く求めたいとき
　・導入のとき
　・発問例「ここからどんなことを思いましたか？」

○しぼる発問
　・子どもたちの多様な考えを集約したいとき
　・発想の絞り込みをしたいとき
　・導入から展開へと移行していくとき
　・発問例「筆者は，どんなことを言いたかったのだろうか？」

○ふかめる発問
　・子どもたちに矛盾や葛藤などを生み，授業の目標に迫っていきたいとき
　・子どもたちの考えをさらに一歩深化させたいとき
　・授業の目標に迫る中心の段階のとき
　・発問例「みんなは○○だと思っていたのに，□□になってしまったのはどうしてだろうか？」

　授業では，「ひろげる発問」ばかりで問いかけると，子どもたちからたくさんの意見は出ますが，授業の目標に迫ることはできませんし，「しぼる発問」ばかりでは，多くの子どもたちが発言するという意欲的な活動を引き出せません。
　それぞれの発問の長所を，ねらいに則して有効に使い分けていくことがよい授業づくりにつながります。

Point!!

　授業や発問には，指導する教師の意図が必要です。「この授業で何をやりたいか」「この場面の発問の意図は何か」などを明確にします。「ひろげる発問」「しぼる発問」「ふかめる発問」のそれぞれの発問の長所を有効に活用しながら，目標に沿った，よりよい発問づくりをします。

子どもの主体性を引き出す「おもしろい発問」とは

　子どもたちが意欲的に学ぶための発問を，ここでは簡単に「おもしろい発問」と呼ぶことにしましょう。「おもしろい発問」とは，どのような発問を指すのでしょうか。

　それは，子どもたちの意欲的な活動を促し，自ら粘り強く解決に当たりながら授業の目標に迫るきっかけをつくる発問です。すなわち，子どもたちが知的好奇心を高めながら，課題意識・問題意識を持って意欲的に解決に当たろうとするきっかけとなるのが「おもしろい発問」と言えます。子どもたちの中に「おや？」「なぜだろうか？」などの矛盾や葛藤などを起こすのが，「おもしろい発問」の条件の一つです。単に，げらげらと笑えるようなものを「おもしろい発問」というのではありません。子どもたちが立ちどまって思わず学びたくなる，授業のねらいに即した価値のある発問こそが，「おもしろい発問」なのです。

　しかし，実際にはこうした「おもしろい発問」をつくることはなかなかできません。何も考えずに「発問」をしているだけでは，いわゆる，平板な，「つまらない発問」になってしまいます。

　かつて，子どもたちとの雑談の中で，「産業用ロボットもロボットですか。どうしても機械に見えるんだけど，違うんですか。」という質問が出たことがあって，ハッとしたことがありました。もし，この質問を，仮に授業として組み立ててみると，次のようになります。

> T1：どちらの写真がロボットですか？
> T2：写真2は本当にロボットと呼べますか？
> T3：ロボットと機械はどう違うのか，まとめましょう。

「おもしろい発問」は，普段から教師が気に留めていなくては生まれません。日ごろから教材を見る目を養う必要があります。
　また，この例のように，教師が問いたいことだけでなく，子どもたち自身が疑問に思ったこと・解決したいことといった強い願いや思いが一緒になってはじめて，子どもの主体性を引き出す「おもしろい発問」となるのです。

　「おもしろい発問」の条件を整理します。

> ① 授業のねらい，目標に即しており，学ぶ価値がある。
> ② 子どもたちの「おもしろそうだ！」「ちょっと，みてみたい。」などの知的好奇心，「おや？」「なぜだろう？」といった課題意識・問題意識を喚起させる。
> ③ 子どもたちの自主的で意欲的な学びを促し，結果として，思考力・応用力・表現力などを育てる。

　これらは，あまりにも当たり前のことですが，基本がしっかりとマスターされてこそ，「おもしろい発問」の成立を可能にします。これらの条件が備わった発問かどうかをしっかりと吟味していくことが求められます。

Point!!

　「おもしろい発問」は，たやすくできるものではありませんが，子どもの素朴な疑問を生かしてつくりだしていきます。子どもたちの「おや？」「なぜだろう？」などの課題意識・問題意識を大切に発問づくりをしましょう。

クラスが停滞する「つまらない発問」とは

「おもしろい発問」があれば,「つまらない発問」もあります。よい発問づくりの技術を学ぶために,「つまらない発問」とは何か,おさえておきましょう。

よい発問は,子どもたちの思考を突き動かすものです。しかし,時には,知識のみを問う発問をしなければならない場合もあります。その発問自体は問題ないのですが,そうした子どもたちの情動をまったく揺さぶることのない発問ばかりを繰り返してしまっては,結果としてそれは「つまらない発問」になってしまうでしょう。

たとえば,「つまらない発問」には次のようなものがあります。

① 「これはなんですか,知っていますか?」「これは,なんと呼ばれていますか?」と知識を問う発問
② 「このときの◯◯の気持ちは?」「この場面の◯◯の気持ちは?」と「気持ち」を繰り返し問う発問
③ 「なぜ……?」「なぜ……?」「どうして……?」「どうして……?」と5W1Hを連続して問う発問

①の「これはなんですか,知っていますか?」「これは,なんと呼ばれていますか?」は,子どもたちが持っている知識,身に付けている知識を問うものです。この発問自体は,学習事項の定着を確認するものなので,悪いものではありません。しかし,すべての発問がこの形では,新たな思考が働きにくくなります。発問づくりのしやすさ,また,学習内容の定着を望むがゆ

えに，こうした発問が生まれます。授業の導入での一問一答式の発問にとどめるならばよいのですが，授業の中で1時間中繰り返されることになると，それは子どもにとっては「つまらない発問」になってしまいます。

②の「このときの○○の気持ちは？」「この場面の○○の気持ちは？」の「気持ち」を繰り返し問う発問，③の「なぜ……？」「なぜ……？」，または「どうして……？」，「どうして……？」と連続して5W1Hを問う発問も，子どもにとっては「つまらない発問」の一つです。

たとえば，②の筆者や主人公の心情を問うのは，国語の授業でよく起こりがちな発問ですが，「気持ち」ばかりを問うても，子どもたちは意欲を示しません。

また，③の「繰り返し発問」も，子どもたちにとっては「また『なぜ』か。」と思ってしまう発問なので，「なぜ」「どうして」が発せられるたびに，学習意欲がどんどんと後退してしまうでしょう。

以上のように，例にあげた発問は，使い方によっては子どもたちの意欲を低下させる「つまらない発問」となってしまいますが，必要なとき，効果的に使えるときもあります。授業のねらいを見極めて，つけたい力をつけられる発問づくりを常に考える必要があります。

Point!!

一般的な発問だから，という理由で発問づくりをしてはいけません。ただなんとなく授業をするのではなく，自分の発問を振り返り，知識中心になっていないか，単純に「なぜ？」な繰り返しの発問になっていないかなど，目の前の子どもたちの実態や反応をよく確かめながら，改善を試みます。

発問と動機づけの関係を知る

　発問は子どもたちの学習意欲，すなわち主体性を導き出す上での大きなポイントですが，そもそも学習意欲とはどのように引き起こされるのでしょうか。よく言われるのは「動機づけ」です。動機づけは，「外的な動機づけ」と「内的な動機づけ」の2つに分けられます。

　「外的な動機づけ」は，外からの刺激により子どもたちの学習意欲を喚起させるもので，一方「内的な動機づけ」は，子ども一人一人の内面に働きかけ，意欲化を図ろうとするものです。

(1) 外的な動機づけによる意欲づけとその発問

　「外的な動機づけ」について，たとえば，次のような授業の導入が考えられます。

> ●3年生　理科　『じしゃくのふしぎをさぐろう』
> ○発問例：この磁石と鉄の間にこのようにモノ（紙1枚）を入れると，磁石の力は強くなりますか。弱くなりますか。それとも変わりませんか？

　ここでは，実際の事物（磁石，鉄，紙）を持ち込んで授業をしています。このように，言葉のみの発問ではなく，事物を活用しての発問は子どもたちの意欲を促します。授業中の発問を，よりグレードアップし，子どもたちの意欲につなげるための工夫が「外的な動機づけ」と呼ばれています。

　授業をグレードアップするための「外的な動機づけ」のアイデアとしては，他にも次のようなものがあります。

① ナップサックを背負って授業に臨む
　子どもたちは，ナップサックに何が入っているかにすぐに興味を持ち，それだけで盛り上がります。ナップサックの中に授業に関連するモノを仕込み，「何が入っているかな？」と展開すると，さらに効果的です。
② クイズ，ゲーム形式を取り入れる
　単純ではありますが，クイズやゲーム形式を取り入れて授業を進めると，たくさんの子どもたちの授業参加を促すことができます。導入段階では，一問一答式の発問の良さを最大限に生かして意欲を高める方法もあります。
③ 単元のネーミングを工夫する
　例えば，6年生の算数・拡大図のネーミングを「拡大図に，おじゃマップ！」とするだけで，子どもたちの意欲に変化が現れます。

　この他にも，教師の工夫次第でたくさんの「外的な動機づけ」が可能です。子どもたちに「おもしろそう」「やってみたいな！」などの意欲を持たせることが，この「外的な動機づけ」では重要なポイントです。

(2) 内的な動機づけによる意欲づけとその発問

　「外的な動機づけ」に対し，「内的な動機づけ」は教材そのものの価値により，子どもの内なる意欲を湧き上がらせます。
　まずは，授業をする教師が教材に精通していなくてはなりません。授業は本来，教材の本質，価値で勝負したいものです。教材の本質や価値を子どもたちに追究させることが授業の醍醐味です。ここに「内的な動機づけ」をすすめるおもしろさがあります。
　内的な動機づけによる「おもしろい発問」は，次のような手順で取り組むことが考えられます。

① 教師が，教材の価値，おもしろさを見出す。
② 教材のおもしろさ，子どもたちの実態などを踏まえ，「おもしろい発

問」を設定する。
　③　「おもしろい発問」の授業により，子どもたちが教材のおもしろさ，
　　　本質に触れる。（＝「内的な動機づけ」による意欲の喚起）
　「内的な動機づけ」としての「おもしろい発問」には，たとえば次のようなものがあります。

> ●5年生　家庭科　『作っておいしく食べよう』
> ○実際の授業における展開例
> 　　　T：ご飯を食べ比べてみよう。
> 　　C1：固めのごはん，柔らかいごはん，こっちの方がおいしい。
> 　　C2：同じご飯でも，味がぜんぜん違う。
> 　　　T：同じご飯でも，味がぜんぜん違うのはどうしてかな？
> 　　C3：ご飯そのもののおいしさに違いがあるのかな，それともご飯の
> 　　　　炊き方に違いがあるのかな？
> 　　　※子どもたちは，ご飯は同じだが，炊き方にコツがあるようだ
> 　　　　と考え始める。
> ○発問例〈内的な動機づけ〉
> 　　　T：Aのようなおいしいご飯を炊くには，何かコツがあるのでしょ
> 　　　　うか？　予想してみましょう。

　この展開例からは，「おもしろい発問」が単独で成り立っているものではないということがわかります。（単元展開，本時の授業過程を整理し，シンプルなものにしていくことで，さらに意欲的な授業が可能となります。）
　ストレートに「おいしいご飯を炊くためのコツは何か」という発問を子どもたちに問うだけでも授業は成立しますが，発問によって子どもたちに「なぜ？」「どうして？」「なんかへんだなぁ」などの矛盾や葛藤などを起こすことが大切です。これが「内的な動機づけ」です。

（3）「外的な動機づけ」と「内的な動機づけ」の相乗活用

　「外的な動機づけ」は，興味を引くグッズなどの，主に学習材を工夫していくことで設定することができます。一方，「内的な動機づけ」は，授業の展開の中で「おもしろい発問」を工夫して設定することで成立します。
　授業の展開で見てみましょう。

> ○導入　〈外的な動機づけ〉　学習材など
> 　興味を引くグッズ，意欲を高める学習問題，興味関心を生む導入におけるクイズ，ネーミングなど
>
> ○山場　〈内的な動機づけ〉　発問
> 　授業の展開を通し，子どもたちの実態をにらみながら

　この「外的な動機づけ」と「内的な動機づけ」の両者の良さを有効に生かしていくことが授業づくりでは求められます。

Point!!
　「外的な動機づけ」の長所や短所を踏まえながら，「内的な動機づけ」の有効性を生かした，よい授業づくり，「おもしろい発問」づくりを進めましょう。2つの動機づけを生かし，子どもたちの湧きおこる学習意欲を求め，「おもしろい発問」を工夫します。

全員が挙手するのが よい発問ではない

　子どもたちが「ハイ，ハイ，ハイ！」と元気よく手を挙げる授業は，活気のある授業の象徴のように映ります。教師の発問に対し，全員の子どもが手を挙げている姿は，教師のあこがれる授業の一つかもしれません。とくに若手教師は，学級全員の子どもたちが積極的に挙手している姿にあこがれを抱くものです。

　そのためか，つい教師は子どもたちがたくさん手を挙げる発問，子どもたちがたくさん発言できる発問を設定しようとしてしまいます。発問の目指す価値よりも，子どもたちの意欲が優先されがちになるということです。

　子どもたちの意欲的な挙手に，「たくさんの子どもが手を挙げてくれて嬉しい。」「子どもたちは意欲的だなあ。」などと，その状況に満足してしまっていませんか。本来であれば，発言内容を深めてこそ，よい授業と言えるのにもかかわらず，です。たくさんの子どもが手を挙げて発言しようとする発問をつくることが，優先順位のトップになってはいけません。

　子どもの中には，意欲はあっても発言が苦手な子どももいますし，たとえ答えの予想がついても恥ずかしがって挙手をしない子どもがいますから，挙手や発言の多さだけにあまりこだわる必要はありません。発問は，発言させることが目的ではないからです。全員の子どもたちが解決に向かって真剣に取り組むことこそが，発問の目的です。

　「よい発問」は，必ずしも子どもたち全員の挙手は求めていません。したがって，子どもたちの意欲＝全員の挙手ということにはなりません。たとえ，発問に対して数人の子どもしか挙手していなくても，挙手をしていない他の

子どもたちが真剣に問いの解決に向かっている姿勢があれば，それは「よい発問」による意欲的な活動ということになるでしょう。
　子どもたちの中には意欲はあっても，発言をすることが苦手な子どももいれば，発問に対する考え方はできていても，それをうまく説明できない子どもなど，いろいろな子どもがいます。このように一律ではない子どもたちに，全員挙手，全員発表を強く求めるよりも，たくさんの子どもが発問の解決に向かって努力していることに価値を求めなくてはなりません。

　教師はときに子どもたちに受け入れやすいように発問の質を変えてしまうことがあります。発問を平易な内容に変えてしまったり，クイズ形式での選択問題に切り替えてしまったりといったことです。平易＝わかりやすいよい発問ではありません。子どもたちにいくら発表させたいから，活躍させたいからといって，発問の質を急に変えるのは問題です。
　授業を進行していると，つい，子どもたちのことが気になって迎合しがちですが，しっかりとした意思を持って計画的に進めていけば，踏み外すことはありません。
　子どもたちが，「よい発問」によって揺れ動かされ，自らの個性，特性を生かしつつ，懸命に解決に向かって試行錯誤することが，発問づくりの目的であることを忘れないようにしましょう。

Point!!

　全員の子どもたちが挙手することにこだわらず，発問の質にこだわって子どもたちの学びの価値を追究します。子どもたち全員が，発問の解決に向いているかどうか，意欲的な学習参加を促す発問の設定かどうかにこだわります。

発問は声の速さ・大きさ・抑揚を意識する

　発問は，はっきりと，それも大きな声で子どもたちに伝えることが必要ですが，子どもたち全員にしっかり伝わることがもっとも大切になります。

　大抵，大きな声で伝えたことに満足してしまい，子どもたちがわかろうがわかるまいが，お構いなしで進めていくことが多いようです。

　一方で，時には小さな声で伝えていくことも必要です。しかし，小さな声で伝えることを苦手とする先生は多いものです。それは小さな声で発問すると，内容が子どもたちにしっかり伝わるか不安を感じてしまうからかもしれません。そこで，どうしても大きな声で発問することになってしまいます。

　小さな声，ときには何かを囁くような声で発問をしていくことに挑戦するのはどうでしょう。子どもたちに「今から大切なことを小さな声で言うから，しっかり聞いていてください。」と言って始めるとか，「○○さん，今の先生の言ったことがわかった？」「先生は，どんなことを言いましたか。」などの確認を促すことです。

　子どもたちに発問がしっかり理解されるためには，子どもたちの表情を確かめながら進行しなくてはなりません。

　教師は一般的に，大きな声で話すことは得意ですが，小さな声で子どもたちに伝えていくことは苦手です。思いっきり小さな声で，子どもたちの集中を高めながら授業を進めていくことも考えられますが，基本的には大きな声と小さな声とを組み合わせていくと効果的です。

　なかには，発問が子どもたちにとって難解だったとみるや，急に多弁になって答えを解説し出す教師がいます。せっかく子どもたちの思考を育成しようと考えて用意したのに，途中から講義調の授業に変わってしまうこともあ

ります。
　それは，授業中，教師は子どもたちの発言が途切れることを極端に嫌うからです。子どもたちの自主的な発言を願いつつも，発言が途切れることに恐怖を感じている教師，恐れている教師もいて，沈黙がおこらないように喋り出してしまうというわけです。
　せっかく意欲的に取り組んでいた子どもたちであっても，教師の説明の時間に急に入ると，途端に受け身になってしまいます。
　こうしたときには，「もう少し，じっくり待てばいいのに。」「子どもたちの声を大事にして聞いてあげればいいのに。」と思えることがしばしばです。

　録音してみると自分の欠点がよくわかりますが，特に「多弁」であることが気になるでしょう。発問だけにしておけばいいものを，意味や修飾語などまで付け加えていることがあります。
　また，自分ではわかっているつもりでも，子どもたちには伝わっていないことが多々あります。大きな声でゆっくりと発問する，発問以外にはしゃべらない，余計なことは一切言わないなどの対策が求められます。

　教師は，子どもたちにもっと適切な声量でゆっくりと発問を投げることが必要です。抑揚，間，あるいはメリハリなども意識して効果的に発問をしていきましょう。早口にならず，ゆったりと話し，つい忘れがちな子どもへの確認も大切です。

Point!!

　声の速さ・大きさ・抑揚などを意識して発問をします。また，無駄な補足は，子どもたちの理解にとって逆効果となりますから十分に気をつけます。

発問と両輪を為す「指示」を大切にする

　本書では，主として発問にかかわる技術を取り上げていますが，授業は発問だけで成立するものではありません。適切な「指示」もよい授業をつくるための重要な一つの要素になります。発問と指示とは切っても切れない関係ですので，少しだけ触れておきましょう。

　授業の中での指示とは，一体どんなものでしょうか。
　「指示」は，全員の子どもが一斉に同じ動作や行動などができるように，はっきりしたことばで目的や方向性などを伝えるものです。誤解されやすいですが，指示は，「やらせる」ことではありませんし，厳しくするだけが適切な指示につながるわけではありません。

　若い教師の中には，この指示が下手で授業そのものに落ち着きを欠いたり，授業が荒れてしまったりすることがあります。指導をしている教師の指示があいまいだったりすると，子どもたちが何をどうやったらいいのかがはっきりとしないで，手いたずらや私語を繰り返してしまうことになります。

　「適切な指示」を目指すとき，次のポイントを意識しましょう。

> ①　話の組み立て
> 　・子どもたちに無理なく伝えるために，指示の内容や順序を考える。
> 　・手短に，一つに絞って指示をする。（一時一事）
> ②　ことば選び
> 　・子どもたちに合ったわかりやすいことばを選ぶ。
> 　・文末表現を工夫する。

②の文末表現では，たとえば，
・例1　国語の物語教材を学習させているときは，場の雰囲気を損なわない「～しましょう。」の表現にする
・例2　火を使う理科の実験では，けがや事故につながらないように，「～しなさい。」「～してはいけません。」などの命令や禁止表現を使う
といった工夫ができます。

　いずれにしても，授業のなかで発問とともに「指示」を大切にしていかなくてはなりませんが，「指示」をしっかりと考えて授業に臨む教師はあまり多くはありません。
　子どもたちが活動しやすいように，「指示」は具体的でなければなりません。
　たとえば，「ゴミを拾いましょう。」という指示があったとしましょう。これを「教室に落ちているゴミを3つ拾ったら席に着きましょう。」にすれば，明らかに子どもたちの動きは変わってきます。
　普段，何も気にしないでしゃべっていることばであっても，指示として子どもたちに発していくときには，十分吟味しながら，具体的なことばで，わかりやすく指示を出していくことが求められます。

Point!!

　発問と同様，あいまいなことばは避け，ポイントを絞って手短な的確な指示を心がけます。一人一人の子どもを大切にしつつ，子どもたちみんなが同じ方向を目指せるような指示をします。

COLUMN

発問で学級づくり

> よい授業をつくるためには，授業づくり，発問づくりばかりではなく，学級づくりを積極的に進めることが大切です。ちょっとした発問づくりのコツが，よい学級づくりにつながります。

　かつて，授業をしっかりと進めれば必然的に学級内の生活基盤が確立するという考えと，とにかく生活づくりを中心とした学級づくりを進めれば，よい授業が成立するという考えとが論争を招きました。一方，やはり「よい授業をつくるためには，授業づくりも学級づくりも両方進めていくことが大切」との考えも多くの教師から支持されていました。

　どの考えが良くてどの考えが悪いかではなく，実際，学級担任になってみて授業づくりばかりに力を入れていると，教師が思っているような子どもたちの動きは望めませんでした。一方で，学級づくりばかりに力を入れてしまうと，日常生活はきちんとできても，授業そのものにはまっている雰囲気はあまり感じられないこともあります。やはり，授業づくりと学級づくりの両輪を働かせることが，よい授業，おもしろい授業を成立させます。

　ところが，授業づくりよりも学級づくりの方に力を入れる教師が比較的多く見られます。学級づくりは，子どもたちを相手にしてすすめることから，楽しいし，取り組みやすいという面を持っています。難しい文献とにらめっこして発問をつくり出す作業よりも取り組みやすいからでしょう。

　もちろん学級づくりは大切ですが，若い教師ほど，授業づくり，すなわち発問づくりに力を入れていくべきです。

　間違っていけないことは，2つが別々に存在するものではなく，互いに関

連を持ちながら相乗効果を発揮するものだということです。言うなれば，発問研究を通して，学級をつくっていく覚悟がほしいと思います。

　たとえば，次のような発問が２つあるとします。

> 1　「なぜ，戦後，日本政府が新しい憲法を発布したのか。」
> 2　「GHQが出した憲法草案の方が，民主的な憲法草案だったのはなぜか。」

　同じ「なぜ？」であっても，子どもたちの受け取り方はずいぶん異なります。
　１はごく普通の発問です。教科書にも載っている事実に「なぜ？」を付けただけの発問となっています。一方，２は他の憲法草案との比較の中で考えられた発問となっていて，圧倒的に２の発問が「おもしろい発問」となっています。「民主化」を学んできた子どもたちは，「どうして，外国の憲法案の方が，政府案よりも民主的なものが作られたのか。」という疑問を持つからです。

　前述のように，せっかく，あれこれ発問を研究し「これはおもしろそうだ！」と思って授業に臨んでも，その通りにいかないことは経験上，よくわかります。やはり，よい学級があってはじめてよい授業は光ってきます。授業研究は学級づくりとよく言われるように，つねに授業づくりと並行して学級づくりにも努力していかなければなりません。

Chapter 2

子どもが集中する！
発問のつくり方

「おもしろい発問」をつくる心構え

　何の驚きも感動もなく，無味乾燥な発問を繰り返す授業に出くわすことがあります。たとえば，
　・「ここからわかることはなんですか。」
　・「筆者はどんな気持ちでしょうか。」
　・「どうしてこうなるのですか。」
といった発問です。平板なトーンの発問を繰り返し聞くと，子どもたちは「またか！」という思いに支配されてしまいます。
　子どもたちの中には，教師の発問になんとしてでも答えようと涙ぐましい努力をする子もいますが，大方の子どもたちは「わかんない。」と投げ出し，「もう，うんざり。」とばかりの表情で思考を停止させ，だんまりを決め込むことでしょう。
　それが１時間の授業だけではなく，次の授業も，その次の授業も，同じように繰り返されたら，子どもたちはすっかり意欲を失い，ひたすら「忍耐」を覚えることになってしまいます。（こんなとき教師は，子どもたちの無反応に腹を立てて，「授業に意欲がないのは，君たちが悪い」とばかりに，子どもたちに責任を被せてしまうこともあります。）

　発問で失敗する原因は，どこにあるのでしょうか。

○子どもたちにとって発問のことばが難しくて，発問の内容を十分に理解できない。
○発問が興味をそそるものではなく，子どもたちが自ら考えることを放棄するものになっている。
○発問そのものが子どもたちの実態とズレているために，意欲が湧かな

> かったり，発問に真実味がなかったりする。

　こうした発問の問題点を振り返って，分析をしてみる必要があります。
　毎時間，同じパターンの発問を繰り返すのではなく，教師自身が発問を工夫してこそ，「おもしろい発問」はつくられます。

　「おもしろい発問」づくりは，以下の視点をもとにつくりましょう。

> ◇子どもたちは教材に対してどんな実態ですか。
> ◇子どもの実態と教材にどんなズレがありますか。
> ◇発問に入れ込むべき要素が考えられていますか。
> ◇授業の目標に照らし，どんな順序性でどんな発問をしたらよいですか。
> ◇どんなことばを使えば子どもたちにわかりやすいですか。
> ◇教師にとっても，「おもしろい発問」ですか。　　など

　これらについて，吟味に吟味を重ねてはじめて成立するのが「おもしろい発問」です。マニュアル化した発問では「おもしろい発問」の成立はあり得ません。

Point!!

　「おもしろい発問」は，様々な条件を慎重に吟味し，はじめて成立します。まずは自分でつくった発問が『教師にとっても，「おもしろい発問」か』を考えることから始めますが，常に子どもたちの存在を忘れないでつくることが大切です。

教材勉強→教材研究 →発問研究の段階を踏む

■まずは「教材勉強」から

「教材研究」ということばはよく耳にしますが,「教材勉強」ということばはあまり聞き慣れないかもしれません。

「おもしろい発問」をつくろうとするとき,ただことばを並べて発問にすれば,こと足りるというわけにはいきません。まずは,じっくりとそれがどんな教材なのかを授業者として理解しなくてはなりません。

そのためには,まずは「教材勉強」をしっかりと進め,次に教材研究,最後に発問研究を進めながら,「おもしろい発問」をつくりだしていきます。

「教材勉強」は,教材研究,発問研究の素地固めです。それがどんな教材かを徹底して勉強するのが教材勉強であり,まさに授業の基礎づくりです。したがって,「教材勉強」では,教材についての調べを綿密に進め,授業者としての知識や技能などをひたすら養うようにします。

教材がよくわからない若手のころには,この教材勉強をしっかりと進め,教材に精通することが特に必要となります。教材がよくわかっていないまま発問づくりに進むと,発問があいまいになったり,ときには間違った発問をしてしまったり,子どもたちに発問の意味が理解されなかったりしてしまうことになります。このため,若手のころは,特にしっかりと「教材勉強」を積み上げることが問われます。

「教材勉強」の手順は人それぞれ異なりますが,絶対に外せないのは,教科書と学習指導要領及び『解説』のそれぞれの教科編の読み込みです。

それらを読み込み,「ここでは,子どもたちにどんなことを学ばせるか」

を大まかに捉えることが大事です。その上で，数多くの関係する書物に当たったり，インターネットで検索をしたりしながら，その教材内容の理解を深めていきます。

　時間がかかり，教師としての既習知識もあるために，案外，この教材勉強が疎かになりやすい傾向にありますが，子どもたちにとってのわかりやすい発問をつくっていくためには，時間を十分にかけて教材勉強を進めるべきです。

> ①　教科書と学習指導要領及び学習指導要領解説を繰り返し読み込み，大まかに学習内容，ねらいをつかみます。
> ②　学習内容でわからなかったことや詳しく知っておく必要があると思われることを文献や関連書物などで調べ，教材への理解を深めます。

　「教材研究」のなかに「教材勉強」を位置付ける考え方が一般的ですが，比較的疎かにされやすい教材勉強に時間を十分にかけて，よりよい教材研究や発問研究をとおして「おもしろい発問」の設定につなげたいという願いから，あえて教材勉強と教材研究を分けています。

　この点を踏まえ，まずはみっちりと教材に精通するように，「教材勉強」に力を注ぎましょう。

■「教材研究」,「発問研究」へと発展させる

　さて,「教材勉強」から教材の内容がわかったところで，次に「教材研究」に入ります。

　「教材研究」では，教材勉強で獲得した知識を整理しながら，子どもたちに，何を，どんな順序で学ばせるかを検討する作業をします。

　まず，真っ先に考えなくてはならないことが，何を学ばせるかです。どの教師も授業前に，どんなことを子どもたちに学ばせるかを考えます。これが

明確になったものが授業目標です。

「教材研究」では、「この授業で、どんな力を付けたいか」も検討します。授業を実践する教師としては、授業に責任を追うべきで、「付けたい力」を明確にするのは当然です。

ここでは、「子どもたちの学びにとってどうか」という視点で教材を考えてみます。たとえば、科学の体系がA→B→C→Dとなっていたとしても、子どもたちの発達段階、実態などを考えると、A→C→D→Bという教材配列にして学ばせる方が子どもたちの学びが深まるであろうと検討し、判断するのが「教材研究」において考えることです。

教材を子どもの視点で捉え直すことが「教材研究」の大きな視点だということを確認しましょう。

教材を扱うことに迷いが生じたら、再び、教科書と学習指導要領に立ち返るとよいでしょう。教科書や学習指導要領をじっくりと繰り返し読み込み、教材が持つ価値や本質を教師としてしっかりつかみます。

「教材研究」の手順は、大まかに次のようになります。

① 「教材勉強」をベースに、教科書、学習指導要領などを読み返しながら、どのような単元目標、授業目標にするかを検討します。
② どのような力を付けることが問われるのかを検討します。
③ 子どもたちに、何を、どういう手順で学ばせることが、わかりやすく、子どもたちの理解につながるのかを検討します。
④ 教材の扱いに迷ったら、教科書や学習指導要領などを繰り返し読み込みます。

「教材勉強」、「教材研究」が一通り終わった段階で「発問研究」を進めます。

「発問研究」では、単元や本時の目標、具体的な発問、その発問の順序、

発問に対する子どもたちの反応，発問を補う資料や学習材などを明らかにします。
　実際には時間的なことがあり，普段はすべてを綿密にというわけにはいかないかもしれません。せめて，授業の目標，発問の文言，発問の順序性などは最低限，準備をしておきます。
　とりわけ，「おもしろい発問」が存在するか，設定した「おもしろい発問」が子どもたちにとってどうなのかについて，十分に吟味していきます。
　発問づくりでは，

① 大まかに1時間の授業でどんな発問を投げかけ，授業を進めるかの予想を立てます。
② ふつう，2～3の中心発問を設定します。設定に当たっては，ことばや順序性に留意します。
③ 授業目標と照らし合わせながら，中心場面での「おもしろい発問」を設定します。子どもたちの実態を踏まえながら設定します。

　子どもたちが授業のなかで最も意欲的になり，輝く場所としての「おもしろい発問」を「発問研究」の中にしっかりと位置付けます。

Point!!

　教材に精通することを目的に，「教材勉強」を深めます。その際，教科書や学習指導要領などの記述をもとに，大まかなねらいをつかみます。この「教材勉強」を疎かにしないで，「教材研究」「発問研究」へと発展させていきます。
　「教材勉強」から「教材研究」，「発問研究」へと進めていきますが，教材の持つ価値やねらいなどについて教科書や学習指導要領などを丁寧に読み込み，子どもの実態に照らし合わせながら「教材研究」を進め，さらに綿密な「発問研究」へと進めます。

3 発問づくりの各段階で気を付けること

■教科書を読む際に気を付けること

　「教材勉強」や「教材研究」の手始めは，教科書を読むことです。読むというよりも，穴のあくほどに教科書を丁寧に読み込むことです。
　教科書は，短い文章で学習の要点がまとめられ，授業を構成していくための大きなヒントがたくさん詰まっていますし，教師にとっても，おもしろいことが随分詰め込まれています。

　小学校6年生社会科（『新編　新しい社会　6上』東京書籍・平成27年度版）での「天皇中心の国づくり」を例に，教科書の記述をみてみましょう。

> 　天皇の子として生まれた聖徳太子は，20才のときに天皇の政治を助ける役職である摂政になりました。そして，当時大きな勢力をもっていた蘇我氏とともに天皇中心の新しい国づくりに取りかかりました。
> 　聖徳太子は，冠位十二階を定め，家柄や出身地に関係なく能力や功績で役人を取り立てました。政治を行う役人の心構えを示すために，十七条の憲法も定めました。

教科書を繰り返し読み込んでいくと，いくつかの疑問が湧いてきます。
① 「役人」とありますが，それは豪族のことを示しているのか。
② 天皇中心の国づくりを進めるとき，多くの豪族を従える必要があったが，聖徳太子が敵対すべき豪族であった蘇我氏と協力したのはどうしてか。
③ 聖徳太子は，天皇となって政治を行うことはできなかったのか。

短い教科書の文章のなかでも、さっとこれだけの疑問が湧いてきます。これらの疑問を教師が生み出すことができるか、教材のおもしろさとともに、その生み出した疑問に教師が「おもしろい」と感じることができるかが大きなポイントとなります。

　授業では、子どものすべての疑問を取り上げる必要はありませんが、授業の目標に照らし合わせながら、疑問を取り上げて「おもしろい発問」につなげていきます。
　まず、子どもたちは①のことがなんのことかわかりません。そこで、聖徳太子が実施した新しい政治のしくみを調べさせ、役人がどんな人たちに当たるのか、当時の権力者の動きはどうだったのかなどを捉えさせます。
　その上で、豪族の一人であった蘇我氏との協力関係、②の疑問に気付かせ、発問としていきます。
　家系図により親戚関係にあった聖徳太子と蘇我氏との関係を捉えさせ、強大化する蘇我氏との円滑な関係のなかで苦悩する太子像が描けたら、たいへん授業はおもしろくなります。
　教師は、読み込みによって発見した①・②の疑問を使い、授業づくり、発問づくりへの作業を進めます。仮に、この2つの疑問を子どもたちが解決したとき、子どもたちは、当時の聖徳太子が目指していた政治の方向性や、政治を進めていく上での苦悩を知ることができます。

■学習指導要領を読む際に気を付けること

　教科書をもとに、もしこの『天皇中心の国づくり』の単元を授業するならば、学習指導要領『解説』（社会編）の読みを進め、取り上げていく学習内容との整合性を確認します。

　得てして、この学習指導要領と『解説』の読み込みが抜け落ちていることがあります。せっかく全教科をワンセットで揃えた学習指導要領と『解説』

も，ほこりをかぶり，ロッカーにしまいこまれているケースすらあります。学習指導要領やその『解説』などを活用して授業づくりをしていく習慣を身に付けていきたいものです。

たとえば，学習指導要領と『解説』を読み込むと，聖徳太子が大陸文化を積極的に取り入れながら，政治のしくみを整え，「天皇中心の国づくり」を目指したということを視点として子どもにもたせたいということがわかるでしょう。前述した教科書から発見した疑問とを照らし合わせ，授業づくり，発問づくりを展開していきます。

学習指導要領の読み込みでは，「この授業で，授業者として何をやりたいか。」「授業の目標は何か。」をはっきりさせることです。
この点がはっきりしていないときは，学習指導要領などへ立ち返り，繰り返し読み込みながら明らかにしていく必要があります。

自分なりの授業の目標が明確になるには，ただざらっと学習指導要領などを読んだだけではなかなか浮かんできません。「穴のあくほど，読み込んでいくこと」ではじめて，学習指導要領の意図が見えてきます。
学習指導要領の読み込みのポイントは，

① 何を子どもたちに学ばせるかを大づかみにする。
② 子どもたちに教える学習内容を確認する。
③ 教材にどんな価値があるのかを確かめる。

学習指導要領の確認をしていくことを疎かにしていくと，授業そのものがぶれてきてしまいます。何をやったらいいかが明確でない授業は，子どもたちを迷走させるだけになってしまいます。

③の「教材にどんな価値があるかを確かめる。」は，教師が教材に対して「おもしろい」と感じることにつながっていきます。
　教材が「おもしろい」と感じるかどうかは，まず取り扱う教材をどんな目的で学ばせるのか，取り扱う教材にはどんな価値があるのかをしっかり見極めることが第一歩です。
　授業をする教師が，まず始めに扱う教材に対して「これは，おもしろい。」と思わないことには始まりません。教師が「おもしろい」と感じることが子どもたちに「おもしろい」と感じさせることになります。
　疎かになりがちな学習指導要領などの読み込み，基礎固めをしっかりして，教材の持つ「おもしろさ」に触れましょう。

Point!!

　教科書をていねいに読み込み，その中から生まれる疑問などを取り上げ，授業の目標と照らし合わせながら，発問づくりをします。まずは，その際，教師が教材の「おもしろさ」に触れられるように教科書を読み込みます。
　さらに，授業をするときは，学習指導要領などをていねいに読み込み，「この教材で何を子どもたちに教えるか」「この教材の価値はなんなのか」「この教材の何がおもしろいか」などをはっきりさせます。その上で，おもしろい発問づくりに挑戦します。

発問づくりは単元を貫いて考える

　授業づくりをしていくとき，単元全体として授業を考えるのか，それとも1時間の授業で完結することを考えるのかは迷うものです。
　1時間完結型の授業は，1時間の授業が一つのまとまりとなるために区切りがよく，授業者が目標を明確にしやすく，指導しやすいなどのメリットがあります。指導しやすいということは，子どもたちにとっても，はっきりしていてわかりやすい授業ということになります。（一方で，毎日の授業実践に追われ忙しさのあまり，結果として1時間ポッキリの授業計画ばかりになってしまうということもあります。）

　ただし，このごろでは，1時間完結型の授業実践は比較的少なくなっています。これは1時間の授業を完結型にするよりも，むしろ，単元を一つのまとまりと考え，単元での授業づくり，発問づくりをしていこうという考え方が，一般的になってきたからです。単元として，付けたい力を明確にし，1時間完結型の授業では補えない確かな力を身に付けさせたいところです。

　精選，重点の観点で考えた場合では，明らかに単元完結型に利点があります。1時間完結型の授業では，毎時間が同じ比重なため，どうしても時間がかかったりして無理が生じてきます。この点，単元での構成を考えれば，軽く扱うところと重点的に扱うところをはっきりと示せます。単元としてのメリハリをつけることで，精選と重点の観点が明らかになります。
　また，単元で授業を考えていくと，単元の中で授業の軽重を付けやすく，授業者のねらいがよくわかります。また単元を一つのまとまりとして教えると，多様な学習形態が活用できるために，子どもたちの様々な個性，能力を生かし，これに応じることができます。たとえば，作業的な学習を設定すれ

ば，黙々と活動できる子どもの良さを発揮できるし，まとめに個人学習を設定すれば，整理の上手な子どもを生かすことができるなどです。

　ただし，単元における発問づくりでは，単元の中の１時間１時間が互いに関連し合っていることが望まれます。単元全体にストーリー性が求められるということです。１時間１時間が細切れにならず，子どもたちの思考がつながって理解が深まりやすいなど，単元で発問を考えることには，大きなメリットがあります。

　若手教師が作成した２年生・国語『スーホの白い馬』の単元展開例を見ていきましょう。

●２年生　国語　『スーホの白い馬』（13時間扱い）
○発問例（各時間における主な発問を示す）
① 本文を読んで不思議に思ったところはどこかな？
② 馬頭琴って何かな？
③ スーホはどんな少年かな？
④ なぜスーホはにこにこしながら子馬を持って帰ってきたのかな？
⑤ なぜスーホーは兄弟へ言うように白馬に話しかけたのかな？
⑥ なぜスーホは白馬を売ろうと思わなかったのかな？
⑦ なぜスーホは白馬を取り返したくなったのかな？
⑧ 白馬は矢が刺さっても，どうして走り続けたのかな？
⑨ スーホにとって白馬が帰ってきてよかったのかな？
⑩ スーホの悲しさや悔しさって何かな？
⑪ スーホは白馬を馬頭琴にしてよかったのかな？
⑫ 馬頭琴を弾くスーホはどんな気持ちかな？
⑬ どうして楽器の音は美しく響くのかな？

発問例をみると，1時間ごとに一つのテーマを設定していますが，授業者がこの単元で何をやりたいのか，時間ごとの関連はあるのかなどが発問からは，はっきりとはわかりません。物語の流れに沿って一つ一つていねいに問うてはいますが，各時間の連動は感じられず，むしろコマ切れ感が否めません。すなわち授業者として，何をこの授業でやりたいのかが十分に伝わってきません。

　発問例の流れから，授業者として「この単元ではここを重点的に学ばせたい。」「ここで勝負してみたい。」「このような力を付けたい。」という意図がはっきりとわかるように構想することが大切です。

　そのためには，単元の目標，その中の1時間目標をしっかり定め，授業者として何をその授業でやりたいのかを明確にすることです。同じペースで同じように毎時間，物語のできごとを順に考えさせていくのではなく，メリハリのある単元展開を構想することが望まれます。たとえば，じっくりと時間をとって矢が刺さりながらも逃げ帰る白馬の気持ちを考えさせたり，馬頭琴を弾くときのスーホの気持ちを考えさせたりすることを重点に置き，単元構想，単元目標に迫っていく発問づくりを考えるのも一つの手です。

　また，単元を貫いて学習課題を設定するときには，授業を通して生まれた子どもの思いを大切にした発問をつくることも大切な視点です。子どもたち全員の感想や思い，疑問やつぶやきを発問として設定することは難しいとしても，授業者の単元目標と関わる感想，疑問などを生かし，発問化していくことで，子どもにとってはおもしろい発問となるでしょう。子どもたちの思考の流れに応じたスムーズな発問，単元を貫くスムーズな発問が大切になります。

　単元展開における発問づくりについて整理すると，次のようになります。

○単元の目標と単元展開とを照らし合わせてみて，その整合性はどうか

> を検討する。
> ○子どもたちの感想,思い,疑問などが生かされているかどうかを検討する。
> ○発問が子どもたちの思考の流れに応じた無理のないもので,単元として,ちょうど列車のように発問同士がつながっているか,関わっているかを検討する。

　授業は,学習内容を明確にすることはもちろんですが,どんな力を付けていくのかも,明らかにしなくてはなりません。ということは,発表を中心とした一斉学習では対応できないということになります。子どもたちの多様な能力に,単元として多様な学習が求められます。

Point!!

　授業づくりでは,1時間の授業を考えていくことも大切ですが,単元として「付けたい力」を考え,限られた時間を有効に活用していくために重点化,精選化の観点の上に立って単元を構成します。単元展開を意識して,コマ切れにならない発問づくりをします。
　また,単元をひとつのまとまりとして教える単元構成を考えます。単元展開の中で発問の連続性を求め,子どもたちの思考の流れを生かし,精選・重点化に配慮しつつ,1時間1時間が関わり合っている授業づくり,発問づくりを目指します。

発問には条件設定が欠かせない

　発問づくりの基本は，子どもたちがその発問に具体的なイメージが持てるかどうかです。そのために，発問の文言の中に，子どもたちが考え具体的なイメージを持つことのできることばや表現を入れ込む必要があります。これを「発問づくりの条件設定」と呼びます。

　仮に，指導する教師が４年生に図工で「絵を描かせたい」，それも「うららかな春を思わせる花の絵を描かせたい」と考えていたとします。
　そこで，まずこの教材に関連する学習指導要領図画工作編３・４年生の内容を参考にします。
　このとき，授業者は「春が来たぞといわんばかりに咲くきれいな花」の中から描きたい花を選び，自由に思いをめぐらせて表す活動を通して，色や形，組み合わせの感じを工夫していくことを学ばせたいと考えたとします。そのとき，次のような発問が考えられます。

○発問例１　「春の花の絵を描きましょう。」

　この発問では，授業者が願う「これぞ！春の花」というイメージには程遠く，子どもたちのイメージは湧いてきません。

○発問例２　「春のきれいな花を選んで描きましょう。」

　だいぶ条件が設定され，授業者の意図に近づいてきていますが，まだ「暖かな春」「待ちに待った春」と言った感覚を，子どもたちがイメージすることはできません。

○**発問例3 「これが春の花だと感じさせる,きれいな花を選んで描きましょう。」**

発問例3までくれば,授業者の意図にだいぶ近づいたものになっています。

このように,子どもたちが意図を感じ取ることができる条件を,発問の中に入れ込んでいくことが大切です。ただし,条件設定をあれこれと考えていくと,発問自体が長い表現になってしまうことがあるので注意しましょう。発問の条件設定のポイントをまとめると,次のようになります。
① 教師の授業意図を明確にする。子どもたちに考えさせたいこと,学ばせたいことなどを踏まえ,そのための条件を発問に入れ込んでいく。
② 子どもたちが具体的に何を考えたらよいのか,何をしたらよいのかのイメージが明確となる条件を設定する。

Point!!

教師の論理で発問をつくるのではなく,子どもたちが具体的なイメージが持てたり,具体的に考えたりすることができるための条件(ことばや表現など)を発問の中に入れ込み,どの子どもにもわかりやすく,具体的に考えることができる発問にしていきます。

発問のことばは順序性を大切にする

　発問のことばの順序を考えることはとても大切なことですが，わかっていてもなかなか上手くはできないものです。発問のことばや表現は，どんな順序で使えばいいのでしょうか。

　たとえば，子どもの性格を表現するとき，「〇〇くんは，明るく活発だけど，几帳面さは見られません。」という表現と，「〇〇くんは，几帳面さには課題がありますが，明るくて活発です。」という表現では，大きく印象が変わります。発問も同じことで，順序性をきちんと考えなければなりません。算数の「比」での発問で考えてみましょう。

> 　濃いジュース1ぱいに，同じ大きさのコップに2はいの水を入れてジュースを作ります。

　この発問に対し，順序を入れ替えて発問をつくってみましょう。

> 　2はいの水に，同じ大きさのコップに濃いジュース1ぱいを入れてジュースを作ります。

　前者の比は1：2となりますが，ことばを入れ替えることによって，後者の比の表し方が変わって，2：1となります。
　このように発問の順序性を変えることで，答えが変わってきます。（日本語として「薄める」と言った場合，通常は「ジュース1ぱいに，同じ大きさのコップに2はいの水を入れ…。」と表現することが妥当でしょう。）すなわち，ことばの順序性により，子どもたちの捉え方も随分と変わってくるということです。1年生の教材で考えてみましょう。

●1年生　算数　『ひきざん』
○授業の目標　繰り下がりのあるひきざんの計算方法を積極的に考えることを通して，いろいろな方法で答えが出せることがわかる。

授業での発問はこうなります。

発問例　どうしたら残りがいくつになるのか分かるかな？　ブロックを使って宝の箱を開きましょう。

これを，順序を入れ替えた発問を考えてみると，次のようになります。

順序を入れ替えた発問例　ブロックを使って宝の箱を開きましょう。残りがいくつになりますか。

　順序を入れ替えた発問例では，ブロックを使いながらの動作化を踏まえ，子どもたちの意欲を高めながら，授業目標に迫ろうとする，授業者の意図を感じ取ることができます。ですから，明確な授業者の意図が発問の順序性に関わるといえます。

Point!!
　発問に使うことばや表現の順序に注意していかないと，答えが変わってしまったり異なった意味になってしまったりするなど，問題が起こることがあるので注意が必要です。発問づくりは，授業者の意図を踏まえ，ことばや表現の順序性を吟味します。

発問は子どもの思考に寄り添ってつくる

　仮に，「和歌山県では林業が盛んですが，梅の生産地としても有名で，その収穫量は全国の7割（平成26年度）を占め，全国第1位です。…。」という教材があったとします。

　これを見た授業者は，まず，「和歌山県は梅の収穫量全国1位を誇ることで有名な県だ」ということを，子どもたちに学ばせたいと考えます。

　この場合，どんな発問をつくったらよいのでしょうか。

　この教材からは，次のような発問が考えられます。

◇発問例①：梅の収穫量の多い県は，どこですか。
◇発問例②：梅干しの生産が多い和歌山県では，日本全体の梅の収穫量の何割くらいを収穫していると予想しますか。

　しばしば教師は，発問例①を問いにし，子どもたちに投げかけてしまいます。発問例①には，次のような懸念事項があります。

〈発問例①の懸念事項〉
●「和歌山県が梅の収穫日本一」という知識がないと，正解できない。
●発問が，一問一答式で単純である。
●知識がある／なしで授業が決まると，優秀な子どもの活躍が顕著となり，そうでない子どもは意欲を失う。

　一方，発問例②はどうでしょうか。

〈発問例②の懸念事項〉
- 和歌山県の梅干しの生産が多いと言っているので，全国１位の梅の収穫量である和歌山県ということが焦点化されにくくなる。
- 答えの予想がつかず，発言に根拠がなく，やみくもに答えてしまう子どもが出る。

ただし，発問例②には，次のようなよい点も考えられるでしょう。

○何割という数字を予想するため，どんな子どもでも気軽に答えられる。
○収穫の割合に対する子どもたちの反応は，生活経験上から「梅はどこの県でも生産している。」との予想を持つ。優秀な子どもだけでなく，どんな子どもも，生活経験をヒントに収穫量の割合が予想できる。
○子どもたちの予想が，仮に２，３割で少なかったとしても（実際には７割のシェア），和歌山県の梅生産が「ただ盛ん」ではなく，「非常に盛んである」ことがわかる。
○発問例②の方が授業者の意図を実現しやすくなっている。

発問は，ただ設定すればいいわけではありません。授業者の授業のねらい，子どもたちの教材に対する実態などを踏まえて設定するものです。「こんなふうにしたら」の前に「子どもはこのように考えているから」を考えてみることです。教師の独りよがりの発問にならないような発問づくりをします。

Point!!

短絡的に学習内容を発問にしないで，教師の教材への思い，子どもたちの教材に対する見方や考え方などをじっくり見極め，より効果的に学習内容を理解していけるような発問にしていくことです。このことを日ごろから念頭に置いて発問づくりを進めます。

8 発問には子どもにとっての「身近なもの」を取り上げる

　授業で取り上げる教材は，できるだけ具体的で身近なものが有効です。身近なものであればあるほど，子どもたちは興味，関心を持ちますし，理解も深まっていきます。
　ですから，できるだけ身近なものを教材化して，具体的な資料にしたり，発問にしたりしていくことが大切です。

　しかし，この「身近なもの」が教師にとっての「身近なもの」であって，子どもたちにとっては全く「身近なもの」ではない場合があります。近くにあっても，子どもたちの生活経験とはかけ離れているものだったりすると，身近なものとは言えません。たとえ，物理的な距離としてはかなり離れていたとしても，教材化によってぐっと子どもたちの身近になることもあります。

　授業例を見てみましょう。

●3年生　社会　『くだものいっぱい〇〇地区』
〇授業の目標　ぶどう，みかん，桃，無花果のそれぞれの農家の共通点，違いを見つけ，『くだものいっぱいの〇〇地区』の秘密がわかる。
〇発問例　こんなにいっぱいのくだものがある〇〇地区になったのはなぜだろうか？

　この発問例のことばの中に「こんなにいっぱいのくだもの」があります。しかし，これだけでは子どもたちにとってはどれだけ「こんなにいっぱい」なのかが伝わっていません。教師が考える「こんなにいっぱい」が，必ずしも子どもたちが考える「こんなにいっぱい」と同等とは限らないからです。

ここではまず，教師が「こんなにいっぱいのくだもの」をどのように考えているかをはっきりと自覚しておくことが必要です。また，それをどうやって教材化，発問化するのかを明らかにする必要があります。そうしないと，「身近なもの」が「身近なもの」でなくなってしまうからです。
　そして，子どもたち自身が「この地区では，こんなにたくさんのくだものが作られているんだね。」「ぼくの住んでいる地区は，たくさんのくだものが作られていることが自慢だ。」という思いをしっかりと持てるようにしたうえで発問していくと，「身近なもの」を教材化する意味が出てきますし，「こんなにいっぱい」という表現が具体的になり，子どもたちにも受け入れられることになります。

　「身近」とは，整理すると次のようになります。
① いくら身の回りのものであっても，子どもたちにとっての「身近」でなくてはならない。
② 身近な教材では，子どもたちにとって身近でなければならない。具体的であればあるほど，実感を伴う学びでなければならず，「身近」の質が問われる。

　本当に子どもにとって「身近」になっているか，ということを常に留意して発問をつくることが大切です。

Point!!
　身近な教材と思っても，子どもたちにとっての「身近なもの」とは限りません。子どもたちの実態を踏まえた，具体的な発問を設定するとともに，子どもたちの理解が実感を伴っているかを判断し，適切な発問，資料を設定します。

イメージを広げる発問をつくる

　おもしろい発問により，子どもたちが実際にイメージを持って学んでいくことは，より理解が深まることにつながります。ことばだけの理解では，なかなか実感はつかみづらいからです。教材の全体的な印象を子どもたちに具体的に捉えさせることが大切であり，とくに導入部でのイメージ化は大切です。

　授業例をみてみましょう。

> ●6年生　社会　『参勤交代』
> ○発問例　「参勤交代」とはなんですか？　調べてきたことを発表しよう。
> 　C1：大名が1年おきに江戸と領地を行き来する。
> 　C2：3代将軍家光のときに武家諸法度で定められた制度である。
> 　C3：大名の妻と子どもは江戸に住まなくてはならなかった。

　これは，ごく一般的な授業展開です。しかし，このとき授業者は子どもたちがあまりにもことばだけの理解に終わってしまっていて本物の理解になっていないことに気が付き，次のように発問を工夫しました。

> ○発問1：【大名行列の絵を見せながら】この大名行列はどこに行くのでしょう？
> 　C1：江戸。（ほとんどが江戸と答える。この時点で領地に帰ることをすっかり忘れていることが多い。）
> 　T：他にもありますか？

C2：自分の領地に帰っているところ。
○発問2：この絵は春，夏，秋，冬のいつごろですか？
　　C1：絵の服装や雰囲気からすると，春か夏と言う感じ。（大部分の
　　　　子どもはおや？という感じで，なかには見当もつかないという
　　　　子どももいる。）
　　C2：決まっていたのかな？（決まっていたことを確認する。）
○発問3：この絵が1635年4月，江戸に向けての大名行列だとすると，
　　　　次の大名行列はいつになるのか。
　　C1：1636年4月になる。（予想が付かないという子どもが多数い
　　　　る。）
　　C2：自分の領地に向けての大名行列になる。（「そうだ！そうだ！」
　　　　と言う子どもが多数）
○発問4：と言うことは，大名には家が何軒あるということなのか。
　　C1：（エ〜！　なぜ，そんなことを聞くの？という雰囲気）江戸と
　　　　領地の2軒は必要です。
　　C2：やっぱり，参勤交代をよく読むといろんなことがわかる！
　　C3：これで参勤交代がよくわかった。

　子どもたちは「参勤交代」について，教科書や辞典，インターネットなどで調べてきてはいますが，ことばだけの学びとなってしまっていることがあります。このため，実感を伴った理解にするために，イメージ化を図る段階，発問が大切になります。

Point!!

　子どもたちの理解を深めるためには，ことばだけの学びとならないようにします。そして，子どもたちが教材に対して具体的にイメージ化できるような発問を設定します。イメージ化においては，子どもたちの立場で教材を見直しながら，具体的な発問にします。

10 子どもの素朴な疑問を発問につなげる

「子どもたちの思いを生かした授業」をつくる上で，子どもたちの思いや疑問を発問までつなげることは欠かせません。

たとえば，2年生の算数『長さ』の授業では子どもたちは次のようにつぶやきます。

●2年生　算数　『長さ』
○授業の目標　長さを比べるには，共通の任意単位で比べればよいことに気付く。
○授業の展開
　　T：だれがこの紙をいちばん長くつなげられるかのチャンピオンを決めよう。
　　T：だれがチャンピオンかなぁ？
　C1：○○くんのものが長い。
　C2：枚数が多いと，長くなっている。
　C3：○○くんのは，枚数が○○さんより少ないけど，長さが長い。
　C4：いちいち比べてみないと，だれがチャンピオンかよくわからない。
　C5：鉛筆を使えば，比べられるよ。
　C6：その他，いちいち比べないで調べる方法はないのかな。
　　T：その他，いちいち比べないで調べる方法はないですか。
　C7：鉛筆，数え棒，タイル，ブロック，ノートのます目などはどうかな？
　　T：みんないっしょにはかるには，どれを使えばいいですか？

> C8：(理由を述べながら発表する。)
> 　　ます目ではかるのがいちばんいい。
> 　T：じゃあ，同じやり方ではかってだれがチャンピオンか比べてみよう。

　この授業では「その他，いちいち比べないで調べる方法はないのかな。」という子どもから出された疑問をそのまま発問にしています。このように，単純かもしれませんが，子どものつぶやきをそのまま発問として折り返すことは，子どもの学習意欲を継続させ，さらに高めることにつながります。こうした過程を繰り返すことで，子どもたちは気軽に疑問をつぶやき，意欲的に解決に当たるようになります。

　授業では，教師の指示・操作とともに，どのような流れで，どのような発問をするかによって，子どもたちの学習意欲が大きく変わることがままあります。だからこそ，子どもたちから出た思いや疑問にはたらきかけて発問づくりをすることで，子どもたちの学習意欲を持続させる必要があるのです。

　このように，「おもしろい発問」のためには，あらかじめ作成している指導案に囚われすぎず，子どもたちのつぶやきを大切にして，発問を組み立てる方法もあるということです。挙手ばかりに固執していると，子どもたちの素朴な思いは出にくくなってしまいます。

Point!!
　子どもたちの素朴な疑問を生かした授業を展開し，疑問から発問へと発展させて授業を組み立てていきます。子どもたちのつぶやきを拾うなどを心がけ，気軽に疑問を出させることができ，それを発問へとつなげられるようにします。

子どもの実態とのズレをなくす

　おもしろい発問づくりで気を付けていかなくてはならないことは，子どもの実態と発問とがズレてしまうことです。

　発問例をみてみましょう。

> ●5年生　図工　『花を見て』
> ○授業の目標　青色とレモン色の絵具の混ぜ合わせを工夫しながら，様々な緑色を作ることができる。
> ○授業での発問例
> 　発問例①：この絵の塗り方を見て，気が付いたことを発表しよう。
> 　発問例②：いろいろな緑色の作り方を知ろう。
> 　（教師が，緑色の作り方を教える。）
> 　発問例③：いろいろな緑色を作って，葉と茎を塗ってみよう。

　発問例①の「この絵の塗り方を見て，気が付いたことを発表しよう。」は，あまりにも唐突です。発問自体が広がりを求めていることから，ばらばらの子どもたちの反応が出てきますが，なかには何を答えてよいのか混乱する子どもが出てきます。

　また，発問例②では，教師が何を求めているのかよくわかりません。この場合，むしろピンポイントで緑色の存在に気付かせていく発問をつくった方がよいでしょう。たとえば，緑色だけを塗ってない絵を提示し，緑色の存在に気付かせる方法をとることも考えられます。

　発問例③は，発問と言うよりも教師の呼びかけです。発問例②を投げかけたのち，「教師が，緑色の作り方を教える。」とあるように，教師が子どもた

ちに対して，緑色の作り方を丁寧に教えてしまっています。授業の目標からすると，この段階こそが子どもたちにとってもおもしろい場面であり，子どもたちが試行錯誤しながらいろいろな緑色の作り方を発見していく過程ではないでしょうか。したがって，ここの発問，扱い方を最大限に工夫することが必要です。「子どもたちの緑色を作りたい」との気持ちとは裏腹に教師が教えてしまう発問例③は，やはりズレていると言わざるを得ません。

　発問例①の段階で子どもたちが緑色に注目していれば，「緑色を作ってみたい」「どうしたら緑色が作れるのか」という思いが湧きおこり，発問例②の段階では，子ども主体の授業過程を構想できるでしょう。子どもたちに緑色を作る方法を考えさせたり，塗りながら色の使い分けを発見させたりという活動を組みます。
　発問例③では，発問例②と同じように，子どもたちが自ら気付いていく過程を作ります。発問例②の段階で緑色の作り方がわかり，発問例③の段階では，同じ緑色でも使い分けをしていくことの大切さを学んでいきます。いきなり葉や茎に色を塗るのではなく，パレットを使って色を微妙に調節しながら，それぞれに合った緑色を使い分けていくことを学ばせます。

　このように，ズレを意識すれば自然と子どもにとってはおもしろい発問になるのです。

Point!!

　子どもたちの思いや願いと発問とがズレてしまっていると，子どもたちの学習意欲は次第に失われていきます。子どもたちの教材に対する思いと，教材とがズレない授業展開，発問をつくります。子どもたちが感じる教材のおもしろさと授業の目標がズレないことが望まれます。

適切な数の発問で
思考する時間を確保する

　授業をしていると，つい欲張ってたくさんの発問をしてしまったり，細切れの発問を数多く投げかけたりして子どもたちの意欲を削いでしまうことはありませんか。一つの発問を投げかけた後，待つことができない教師は，子どもの反応を見て焦ってたくさんの発問をしてしまいがちです。

　学習内容にもよるので，1時間の授業での適切な発問数を一概に何個と言うのは難しいのですが，発問が多過ぎると子どもたちに負担がかかることとなり，理解が十分にされないまま次の活動に取り組まなくてはいけなくなります。

　単元の中では，子どもたちに考えさせる個人学習を設けたり，意見出しや共同で意見をつくったりするグループ学習を設定したり，一人一人の子どもが黙々と活動する作業的な学習を設けたり，テーマにしたがって調べ学習を進めたりと，様々な活動を設定しています。

　こうした活動次第で発問の数は増減しますが，おおむね1時間の授業の中では2～3個の主な発問をつくっておくとよいでしょう。

次のように1時間の中での発問を設定します。

○発問①　授業を方向づけるための発問
　　・授業の始めに教師が投げかけることで，「今日の授業では，こんなことをやるんだな」ということが子どもたちにわかります。
○発問②　授業の中心的な発問で，授業目標に迫るための発問
　　・授業の山場になる発問です。

○発問③　授業をまとめるための発問
・どんなことを学んだのか，どんな力が付いたのかなどを確かめるための発問です。次時へのつなぎにもなります。

　よく，授業を「導入」「展開」「終末」の３つの段階に分けて考えることが大切と言われますが，この３つ「方向づける」「授業目標に迫る」「まとめる」の段階に合わせて発問を設定するとわかりやすいでしょう。

　ただし実際の授業では，子どもたちの活動次第で，発問①と発問②の２つの発問で１時間の授業が成立してしまうことは考えられます。思考する時間を確保することを考えて，臨機応変に発問を取捨選択することも必要です。

　また，発問には，「補助発問」と言われているものがあります。柱となっている発問を補うために用いられる発問ですが，これが単に発問を言い換えたりするだけなど，子どもたちの思考を阻害することがあります。伏線としての補助発問をいくつか用意しておくことは大切ですが，子どもたちの思考の流れに応じて活用していくことが肝心です。

Point!!
　授業の流れに応じて適切な発問の数が設定されます。通常は，「方向づける発問」「授業目標に迫る発問」「まとめる発問」の３つ程度を設定し，子どもがしっかりと思考できるように計画しましょう。

「よい発問」は子どもたちの課題意識・問題意識とともにある

　授業目標の達成に直結した，しかも子どもたちが全力を出して学び切る発問を，「学習問題」とか「主発問」とか「山場の発問」などと呼びます。（考え方は違いますが「学習課題」ということばもあります。「学習問題」に対することばが「学習課題」です。授業のはじめに，その授業を方向づける発問として，教師から発せられる発問を，一般的に「学習課題」と呼んでいます。）

　「学習問題」は授業の中心部分で，授業目標に到達してほしい場面の発問であり，子ども自らが発問をつくりだし，解決に当たる場面を「学習問題」と呼びます。

　このような子どもがつくりだす「学習問題」の授業スタイルは，多くの学校でも研修のメインにしたり，研究会での研究テーマになったりしてきました。

　確かに子どもが自ら問題を設定して，自ら追究を始めることができれば，子どもの主体性を育むこととなります。しかし，子どもがつくりだす学習問題にこだわり過ぎると，次のようないくつかの問題点が生まれます。

① 学習問題をつくりだすことに指導の力点が置かれているため，つくりだすまでに多くの時間設定が必要となる。
② 多くの時間を学習問題の設定までに費やすため，肝心要の解決のための時間がなくなってしまい，中途半端な追究になってしまうことがある。
③ 子どもたちがつくりだすために，学習問題が教師の授業目標に反するものになってしまうことがある。
④ 子どもたちも教師も，学習問題をつくりだしたことに満足してしまい，

問題の追究場面における意欲がなくなってしまう傾向がある。
　このように，子どもが設定する学習問題づくりにはいくつもの問題点があります。しかし，だからといって，教師が発問を投げかければよいかというと，そういうわけではありません。

　子どもたちが自ら学習問題をつくる場合も，教師が発問を投げかける場合も，大切なのは子どもたちに課題意識・問題意識があるかどうかです。
　多くの子どもたちに課題意識・問題意識がなければ，どんなによい問いを子どもがつくろうが，どんなによい発問を教師が投げかけようが，それは意味をなくしてしまいます。

　教師は，授業で子どもたちに「なぜ？」を多用します。「なぜ，それはありますか。」「このようなことが起こるのはなぜですか。」など，授業ではたくさんの「なぜ？」が教師の手によって使われていますが，「その場面で，『なぜ？』がどうして使われるの？」と首を傾げたくなることがあります。
　よい「なぜ？」とそうでない「なぜ？」との違いは，結局のところ，子どもたちに課題意識・問題意識があるかどうかです。子ども自らが「どうしてこうなるのか。」の疑問や矛盾をもったとき，はじめてよい「なぜ？」になるのです。

Point!!
　授業での中心的な発問は，子どもたちに課題意識・問題意識があるかないかが基準となります。教師が発問しようが，子どもたちが学習問題を設定しようがどちらでも構わないですが，「よい（おもしろい）発問」は常に，課題意識・問題意識とともにあることを忘れないようにしましょう。

COLUMN

黒板は美しくまとめたほうがよい？

> 「板書を授業の中心に据える」という考えは改め，子どもたちの意見を尊重した板書計画，授業のポイントを絞った板書計画を立てます。子どもたちとの関わりを大切にしながら，よい授業をつくっていくための板書を心がけます。

　今どき，黒板を使っている企業はほとんどありませんが，学校ではまだまだ黒板を活用しての「板書計画」が主流ですし，板書へのこだわりが教師の授業観の一つとなっているのは確かです。
　「板書計画が授業の流れを示しますから，大切にしてください。」とか，「授業計画とともに板書計画を立てましょう。」など，板書に関する先輩教師の指導はたくさんあります。板書のメリットは，

① 板書を見る子どもたちに，授業の流れがわかる。
② 授業のポイントをつかむことができる。
③ 子どもの意見が尊重される。
④ 子どもたちが，今，何を考えたらいいのかがわかる。

ということです。
　③の「子どもの意見が尊重される。」は，指導する教師が子どもの意見を取り上げ，板書にすることで子どもたちの喜びにつながるというものです。
　しかし，子どもたちの意見を取り上げ，板書をすることは，必ずしもメリットばかりではありません。

- 板書に集中するあまり，教師は子どもたちに背中を向け，意見をしっかりと聞いていないように見える。
- 子どもの意見を，教師は都合よくまとめて板書する。「あなたの意見はこういうことだよね。」と言って都合よくまとめる。たとえ，教師が言うことと自分の意見が違っても，子どもは教師の発言に嫌とは言えず，すぐに同意してしまう。
- とんちんかんで的外れの意見は取扱いが難しく，無視されてしまうか黒板の隅に追いやられてしまう。

これまでは，板書をきれいに美しくまとめることに力が入っていなかったでしょうか。しかし，子どもたちに背中を向け，ひたすら板書の整理に奔走している様子は，望ましい教師の姿とは言い難い気がします。

　授業の流れを子どもたちが理解していくためには，黒板の中心に，やや大きめに発問を書くとよいでしょう。発問の内容がいつでも子どもたちに理解されていることが大切です。「中心となる発問は，黒板に書く」ことを授業の約束事の一つにしていくことも考えられます。
　板書とともに，子どもたちが板書をノートに写すための時間的な保証もしていかなくてはなりません。きちんとした時間の保証が必要です。

① 綿密な板書計画で，授業でもポイントとなることのみ，板書します。
② 子どもの意見をすべて書かず，ポイントをしぼった板書をし，できる限り子どもの顔を見て，しっかりと意見を聞きます。
③ 他の人の話をしっかりと聞くために，板書を写す時間をとるようにします。

Chapter 3

学習効果を高める！
発問の使い方

「考えさせる発問」で子どもを集中させる

　子どもたちが追究心を持ち，多様な考えを巡らせることができるような「考えさせる発問」を使うためには，どうしたらよいのでしょうか。
　「考えさせる発問」には，次のような条件があります。

① 授業の目標に直結する発問であること
② いろいろな角度から，子どもたちの考えを引き出すことができる発問であること
③ 子どもたちの興味・関心を高めることができる発問であること
④ 「解決には，ちょっとだけ難しいかな」と，子どもたちに思わせる発問であること
⑤ 「おや？　なんだろうか」など，迷いながらも矛盾などを感じることができる発問であること　など

　「考えさせる発問」は，子どもたちの既有知識をフルに活用して解決を迫ります。「考えさせる発問」は，子どもたちが思わず追究せずにはいられない発問であり，様々な考え方や思いを巡らせる中で意欲的に追究する発問といえます。
　たとえば，このような授業展開で使います。

●4年生　理科　『空気や水をとじこめると』
○授業の目標　押し縮められた空気が，もとに戻ろうとする力を持っていることがわかる。
○発問1　注射器の中の空気はどうなっているのかな？
　　※子どもたちに予想を立てさせます。

> C1：空気が中でつぶされている。
> C2：もとに戻ろうとしている。
> ○発問2：注射器の中の空気は，つぶされているのか，それとも，もとに戻ろうとしているのか。どっち？　どうすれば答えがわかるかな？
> C1：もう一度しっかりと実験すればわかると思う。
> C2：実験をやるとき，しっかり見ていないとわからない。
> C3：もう一度実験をやって，空気がどうなっているのかを見たい。
> C4：そうだ！　見たい。
> ○発問3：もう一度，実験をして空気がどうなっているのか，調べてみよう。

　この授業では，発問2の「注射器の中の空気は，つぶされているのか，それとも，もとに戻ろうとしているのか。どっち？　どうすれば答えがわかるかな？」が「考えさせる発問」です。いくつかの意見の中から，自然と実験を求める声があがります。

　「考えさせる発問」を使うときには，子どもたちの「やりたい感」「したい感」を想起することが大切になります。教師の「どうすれば答えがわかるかな？」は，子どもたちの実験に対する「やりたい感」を高めています。それは，ちょっとしたアレンジであったり，ちょっとした工夫であったりしますが，根底には「子どもたちが，この教材をどのように考えているか」が求められます。

Point!!

　子どもたちの教材に対する「やりたい感」を大切にして発問をつくっていきます。発問に対して，子どもたちが自ら追求せざるを得ない状況をつくりだします。そのためには，子どもたちが教材をどのように考えているのかを適切に判断し，考えさせる発問をつくることが求められるのです。

# あえて教師は間違えた発問をする

　かつて，6年生の算数「展開図」の授業の中で，教師の「間違い発問」により，授業が大いに盛り上がったことがありました。

●6年生　算数　『直方体と立方体を調べよう』
○授業の目標　立方体の展開図をいくつか考える中で，辺や面のつながり，位置関係に気付く。
○発問例
　　T：立方体の展開図がいくつできるか見つけよう。
　　T：考えた立方体の展開図を発表しよう。どんな展開図がいくつできたかな？
　　（子どもたちは，それぞれの展開図を次々と発表する。）
　　T：おかしいなぁ。先生は全部で10個の展開図ができるものだと思っていたら，みんなのものは全部で12個ある⁉　どうしてだろうか？
　　C1：エー！　おかしいなぁ。
　　C2：あ，これとこれは同じだと思う。
　　C3：そうすると，11個できる！
　　C4：何個できるのが正解なの？　いったい，どれが正しいの？　11個かなあ??　展開図を見ると……

　授業のまとめのとき，「こういう展開図ができ，全部で11個の展開図ができる」ことを子どもたちに知らせても授業としては成立します。しかし，子どもたちの学習意欲の面から考えると，教師が意図的に間違えた場面では，子どもたちに普段より多くの気付きが見られ，議論が盛り上がりました。

このケースは，教師の間違いで，子どもたちの思考は揺らぎ，議論が大いに盛り上がり，多様な展開図を吟味することができた事例です。

　授業を引っ張る教師の間違いはあってはならないことですが，「おもしろい発問」づくりのヒントがここにあります。
　子どもたちの思いを揺さぶり，または子どもたちの考えを否定することにより，意欲化を図ることができるのです。

> C1：「私は○○だと思います。」
> C2：「僕も○○だと思います。それは……。」
> 　T：「他の人たちも同じ考えですか。」
> 　　　「本当にそうですか？？？」

　このように，たとえば，子どもたちの思いを「本当にそうですか。」の一言で否定すると，子どもたちの考えは揺さぶられ，さらに問い直して考えようとします。教師にはっきりとした解決への見通し，意図があれば，子どもたちの考えを深め，しかも意欲化を図ることができます。

Point!!

　子どもたちは，自分たちの考えとは異なった考えに出会ったときに意欲的に授業に取り組みます。教師の意図的な間違いを効果的に活用したり，子どもたちの思いや考えを否定したり，矛盾を感じさせたりしながら，子どもたちへ揺さぶりをかけていきます。

書き切ることができる発問にする

　発問を投げかけたあと，子どもたちが考えを十分に書けないということがあるかもしれません。

　なぜ，教師は子どもたちに自分の意見を書かせる活動を取り入れているのでしょうか。それは，子どもたちに時間を保証し，じっくり自分の考えを練らせ，一人一人に自分の考えを持たせたいからです。また，学びとしての書く行為が重要であると考えているからにほかなりません。

　しかし，「書かせる」ための発問ができているかというと，必ずしもそうではないことが多いです。タイマーを用意し，「５分間で書いてね。できる？　できるよね。じゃあ，はじめましょう。」と指示し，５分間が過ぎた途端，「ハイ，終わって！　まだ書けてない人もいますが，止めましょう。」という授業も目にします。時間で区切るということが必要なときもありますが，書き切るということを念頭に置いたときには，柔軟に考えなくてはならないでしょう。目的意識のない発問をしてしまうと，子どもたちの書くことにも課題が残ります。まったく自分の考えを書こうとしない子どもがいたり，自分の考えを持つことができない子どもがいたり，感想程度の意見をなぐり書きしている子どもがいたり，適当に考えをつくってしまって遊んでいたりする子どもがいたりと様々です。

　一人一人の子どもに自分の考えを書かせるときは，ぜひ子どもたちに「書き切る」ことを求めましょう。

　それには，まず時間的なことを十分に保証していくことです。指導案をよく検討し，導入部分の時間などを工夫して短縮していきます。

また，子どもたちの「書く」活動にも，指導を加えていきます。やみくもに書かせるのではなく，一つの考えをじっくりと書かせたり，理由や根拠を書かせたり，箇条書きで意見をまとめさせて，たくさんの意見を出させたりするなどと，個々の子どもが考えを深めることができるようにしていきます。

　そのためには，次のような発問が有効です。

●今までの経験では考えられない発問
　「『ご苦労さま』と総理が小村をねぎらったのは，どうしてか。」
●2つを比較して，どちらかに迷わせる発問
　「この絵は，機械ですか，それとも道具ですか。」

　よい発問でも単独で成立するのではなく，授業の流れのなかで成立するものです。

　子どもたちが書き切るには，

> 1　考える材料となる経験がある。
> 2　前時までに考える材料を学習している。

　単元をどう組むかによって，子どもたちの「書き切る」ことへの取り組みは，変わってきます。

Point!!

　子どもたちが自分の考えを「書き切る」には，発問のあとの時間的な保証をすることや，書き切らせるための手立てが必要となります。考えの根拠や理由を書かせたり，自分の考えを箇条書きにまとめさせたりと，必要に応じた手立てを工夫します。

発問には子どものつまずきを生かす

　現実の教室では，子どもたちのつまずきが解消されずそのままとなってしまっているケースは多々あります。それは，教師の一方的な講義形式の授業であったり，教師のペースで授業が進められてしまっていたりするケースで，とくに見落とされがちです。

　机間指導などでつまずきに気付き，それが多くの子どもたちのつまずきであった場合は，フィード・バックして補っていく必要があります。また，個々の子どものつまずきには個別指導で対応していく方法が考えられます。また，宿題による家庭学習によって，つまずきを補っていく方法もあります。まずは，子どものつまずきを発見しましょう。

　つまずきへの対処方法にはいくつかありますが，つまずきを授業に生かして展開を考えることが有効です。

　2年生・算数「足し算の筆算」を例に，つまずきを生かす授業について考えてみます。

●2年生　算数　『足し算の筆算』
○授業展開
　T：38＋27の筆算の仕方を考えよう。

C1	C2	C3	C4	C5
38	38	38	38	38
＋27	＋27	＋27	＋27	＋27
515	65	15	5015	15
		50		5
		65		65

『「38＋27」の筆算の仕方を考えよう。』という問いに対して，子どもたちはいくつかの答えを出してきます。そのなかで，つまずいている子どもの考えを取り上げます。そのためには，つまずいている子どもを机間指導によってしっかりと把握することが大切です。その後，子どもたちの話し合いを持ちます。正解となる65がどんな考え方で，どうやって出されたのかを話し合わせ，気付かせています。

　個別ないし小集団による学習が終わったところで，「解き方として，どんな方法に気が付きましたか。」という発問で，つまずいた子どもの考えを生かしていくことができます。

　授業の中では，つまずいた子どもに活躍の場を意図的に設定し，その子どものつまずきによって学級のみんなの理解が深まったことや，つまずきの理由をはっきりさせ，子どもが間違いを間違いであると気付くことがより確かな理解につながることを子どもたちにきちんと伝えます。

Point!!

　授業での子どもたちのつまずきをそのままにしてしまうと，理解につなげることができませんし，それが積み重なれば，落ちこぼれになってしまいます。子ども一人一人のつまずきを的確に把握しながら，そのつまずきを生かした授業を目指します。

 「わかった」「できた」を促す補助発問を用意する

　子どもたちが授業を通して「わかった」「できた」などの達成感や成就感を味わうことが大切です。こうした体験を繰り返すことで，学びへの意欲が継続され，子ども一人一人の自信につながっていくからです。発問を投げかけてから「わかった」「できた」という解決までの手立てを綿密に考えておくことが求められます。
　そのためには，中心発問だけでなく，「わかった」「できた」までの過程で必要な補助発問を考えておくことが大切です。大きな中心発問を１つ用意しておけばなんとかなるという安易な考えでは，子どもたちが達成感や成就感を得るところまでたどり着かせることができません。

　学習指導案には，教師の働きかけとしての「主な発問」と，その発問に対する「予想される子どもの考えや活動」，さらに若干の「指導上における留意点」の枠が設けられていることが多いでしょう。しかし，授業案には補助発問などはあまりしっかりとは書かれていません。このため，授業後の話し合いでは，意見が拡散し，まとめ上げることができませんでした。

　ですから，中心発問となる「おもしろい発問」のあとの補助発問をいくつか用意しておかなければなりません。
　中心発問を投げかけたあと，授業目標の達成までの道筋で補助発問を使うか使わないかは別として，伏線としての補助発問をいくつか準備しておきます。さらに意見を広げていくのか，子どもたちの考えと別な事象とを関連させていくのか，それとも深めていくのかなどを的確に判断しながら活用します。補助発問には，次のようなものがあります。

> ① 子どもたちから出されるいくつかの考えをつないでいくための補助発問
> ② 意見を深めていくための補助発問
> ③ 子どもたちの考えを集約していくための補助発問　　など

　大方の教師は,「指導案を書いてしまえば終わりだ」と考えている場合が多く,中心の解決ができなかったり,中心の課題まで行きつけなかったりすることがしばしばですし,ましてや,主な発問の伏線となる補助発問まで考えていることは少ないといえるかもしれません。

　子どもたちの様々な意見をすべて予想するのは難しいですが,伏線を予想して,補助発問を準備しておくことが授業の局面で役立つことになります。子どもたちが「わかった」「できた」となるよう,「このときはこういう補助発問で…。」など,いくつかの伏線となる補助発問を計画しておくことで,学習効果は一層高まるでしょう。

Point!!

　子どもたちの「わかった」「できた」を保証していくためには,「おもしろい発問」のあとに活用させる補助発問を工夫していくことが大切です。中心発問のあとの補助発問は,授業目標の達成への伏線としてあらかじめいくつか準備しておき,授業の状況に合わせて活用します。

一問一答式の発問も活用する

① T:「これは、なんですか。」 → C:「それは、三角定規です。」
② T:「これは、なんの写真ですか。」 → C:「清掃工場です。」
③ T:「3×3の答えはいくつですか。」 → C:「答えは9です。」

　上の3つの事例とも、教師の発問が1つに対し、子どもたちの答えも1つであり、それ以外の答えはありません。このような発問を、「一問一答式の発問」と呼んでいます。

　授業の導入段階では、この一問一答式の発問がしばしば見られます。答えがはっきりし、単純に答えられるためです。多くの子どもたちが意欲的に発言しようとするメリットもあり、とりわけ学力の低い子どもも積極的に授業参加ができるという利点があります。さらに発言することに自信がない子どもにとっては、ためらわずに発言できる貴重な機会ともなっています。
　本書では、「おもしろい発問」づくりを目指していますが、こうしたメリットを考えれば、一問一答式の発問を活用することがすべて悪いわけではないことがわかります。むしろ、その特性を考慮し、意図的に一問一答式の発問を活用することを考えるべきでしょう。

　しかし、授業の導入から終末までのすべての段階で、この一問一答式の発問が使われるというのはできるだけ避けなければなりません。すべてが一問一答式の授業は、クイズと変わりません。あくまでも、そこに子どもたちの学びがなくてはなりません。
　授業では必ず、授業の目標に照らしてどのような力を付けたいかを考えま

す。知識や技能の習得だけではなく，思考力，応用力，判断力，表現力などの力を育むには，どうしても一問一答式の授業から脱却を図らなくてはなりません。

　ところが実際にはどうでしょうか。一問一答式の問いを授業で連発している場合が見られます。あまり教材研究がされていないときにはなおさらです。一問一答の嵐になってしまうことがあります。
　受ける子どもたちにとって，授業の良し悪しはわかりませんから，安易に設定される一問一答に飛びつくのは無理からぬことですし，なんら否定されることではありません。
　ここで考えなくてはならないことは，授業のねらいは一体なんだったのかということです。一問一答式の授業は子どもたちを楽しく授業に参加させてはいますし，発言が苦手な子どもにも満足を与えていますが，授業のねらいを考えると疑問が残ります。
　やはり一問一答式の授業と考えさせる授業とのバランスを考えながら，授業をすすめることが大切です。

　こう考えると，一問一答式の発問に終始する授業の善し悪しは自ずと判断できます。子どもたちの見方・考え方を育む「おもしろい発問」の設定が強く望まれることになるでしょう。

Point!!

　一問一答式の発問のよさや欠点を踏まえ，活用していきましょう。併せて，一問一答式の発問のみに頼ることなく，授業として目指したい力や付けたい力を明らかにしながら，これらの考えを踏まえた「考えさせる発問」，「おもしろい発問」づくりを積極的に進めます。

追い込み発問はしない

　しばしば教師は，子どもを窮地に陥れてしまうことがあります。しかし，教師はその原因をわかっていないことがあるのです。
　こんな場面で考えてみましょう。

> 　T：「縄文時代の人々は，山の方に住んでいたと思いますか，それとも海の近くに住んでいたと思いますか。」
> 　（たくさんの子どもが挙手をする中で，教師は○○さんを当てる。）
> 　C：「山の方に住んでいたと思います。」
> 　T：「○○さんは，どうして山の方に住んでいたと思うのですか。」
> 　C：「え〜と，………。」
> 　T：「じゃあ，いいです。座って。その他にはどうですか。」
> 　（挙手する子どもが急に少なくなる。）

　この授業記録から，考えられる問題点を挙げてみましょう。

　教師は，山か海かのどちらかを問うています。したがって，子どもたちはこのどちらかを選択して答えることになります。子どもの中には，どちらかを選ぶことはできても，選んだ理由まではっきりと持ち合わせていない子どももいます。
　きっと，そうした子どもはただ単にどちらかを選択して答えればよいだろうと考えていますし，まさか選んだ理由まで教師に問われないだろうと考えています。
　ところが，教師は選んだ理由を検討することが大事であり，「意見を持つには理由，根拠があるはずで，答えられるのが当たり前」と考えていますか

ら，そこに子どもとのズレが生じてしまいます。

　山か海かのどちらかだけを答えればよいと思っていた子どもは，理由を問われて「こんなはずではなかったのに…。」との思いを持ちます。最初に元気よく挙手をしていた他の子どもたちも，教師が追い込んだ瞬間に，一斉に挙手の手を引っ込めてしまうのです。教師による追い込み発問は，子どもたちに「こんなはずではなかったのに…。」と思わせてしまいます。

　発問からは少し離れますが，突然の指名にも，同様の問題が潜んでいます。
　授業中，教師は挙手ばかりではなく，指名により授業をコントロールしています。しかし，教師が困ったとき，無作為に子どもを指名して発言させたり，この子どもに指名すればなんとか意見をまとめてくれるだろうなどの期待から，安易に指名したりする傾向があります。
　そうすると考えがはっきりしなかったり，考えが全く思いつかなかったりしているときに指名された子どもは，困ってしまいます。

> **Point!!**
> 　発問に対して子どもたちがどのように考えているかを十分に考えず，「その理由は…？」などの「追い込み発言」をして子どもたちを混乱させないようにします。また，困ったときに指名するときでも，安易に指名して子どもを追い込んでしまうことのないようにします。

「ところで」は使わない

　教師が発する一言で，授業の流れが一変してしまうことがあります。特に気を付けたいことばが，「ところで…。」です。

　ある発問に対して子どもたちの意見が途絶え，教室内が暗い静寂で包まれたとき，教師はつい，暗い雰囲気を打ち破ろうと，意図もなく「ところで…。」と発問をしてしまいます。
　大抵の場合，「ところで…。」から始まる発問は思いつきが多く，違った方向への発問で子どもたちがかえって混乱することになります。

　たとえば，こんな例がありました。2年生・国語「お手紙」で，お手紙がなかなか来ないにもかかわらず，お手紙を待っているがまくんの気持ちを子どもたちに問うていたときです。
　悲しみに打ちひしがれたがまくんに対する子どもたちの意見が出尽くしたとき，授業者は唐突に「ところで，かえるくんはどう思ったのかな？」と今度はかえるくんに関わる発問を投げかけました。
　それまで，お手紙を待つがまくんの気持ちを懸命に考えていた子どもたちは，教師のこの切り替え発問に，戸惑ったのはいうまでもありません。がまくんの気持ちに集中していた子どもたちにとって，意味もなくかえるくんの気持ちを考えることに頭を切り替えるのは大変なことです。

　子どもたちの思考を途切れさせてまで，ここで投げかけなければならない発問だったのかという点を考えなくてはなりません。子どもたちの思考と発問とのズレ，授業の流れとしてのタイミングなどを考えると，明らかに不適切な発問といえます。

「ところで」から始まる思いつきの発問は，意欲的に解決しようとしていた子どもたちを混乱させるだけですから，できるだけ避けましょう。

　しかし，沈黙の嫌いな教師は，黙っていることが耐えられません。子どもたちの意見が途絶えると，突然，多弁になって解説を始めるとか，「ところで」を使って異なった展開をするなど，授業の方向を転換してしまいます。
　子どもたちの思いを無視した展開に，子どもたちの思考が十分についていかなかったことがありますし，新たな問いへの切り替えがうまくできないこともあります。
　たとえ沈黙が続いても，子どもたちがまだ真剣に発問に対して考えようとしていたら，それは意味のある沈黙なのです。「ところで」は使わず，じっくりと考えさせていきましょう。

　「ところで」の発問は慎むべき投げかけの一つです。補助発問を投げかけて授業目標に迫るなどの工夫をしていきましょう。子どもたちの実態に沿った補助発問をいくつか事前に準備しておき，タイミングを見ながら活用していくことが考えられます。

Point!!

　子どもたちの反応がないと，焦ってしまい，子どもたちの思考の流れやタイミングなどを考えず，「ところで」の発問を投げかけてしまいがちですが，大切なのは子どもたちの発言を粘り強く待ったり，準備した補助発問を有効に活用したりすることです。

「他にはありませんか」は言わない

　子どもたちの発言がつまると，教師はその重苦しい雰囲気を何とか打開しようとあの手この手を試みます。
　「ところで」と並び代表的なのが，「他にはありませんか。」の一言です。たとえば，「参勤交代はなぜ行われたのでしょうか。」と言う発問が教師から子どもたちに投げかけられたとします。このとき，発問が子どもたちに合っていなくてあまり思うような反応がなかった場合，
　「もう他にはありませんか！」「まだ他にはありませんか！」を連発すると，子どもたちの意見はますますとぎれてしまいます。
　当然ですが，教師の困り具合は子どもたちに見透かされています。
　しかし本当は，教師以上に困ってしまっているのは子どもたちです。教師は，今までとは違った意見，新しい意見を要求しています。子どもたちは，教師の望んでいる正解が，一体なんだろうかと見当もつかずに困り果ててしまっています。
　ところが，教師からは「他にはありませんか。」と，いつまでも追究が続きます。
　極端に言うと，この教師の「他にはありませんか。」には，子どもたちの発言をすべて否定してしまうようなニュアンスがあります。子どもたちには「みんなの考えは間違っています。他に正解の意見はないですか。」と言っているように受け取られているのです。「もう他にはありませんか。」「まだ他にはありませんか。」などの表現も同様です。

　「他にはありませんか。」の一言を，「他の人はどうですか。」に替えてみるのはどうでしょうか。
　仮に「他の人はどうですか。」の一言にすれば，それまで出された意見を

否定することにはならないし，それまでの意見に賛成しても，新たな意見を述べても構わないことになります。このように，ちょっとした言い方の違いですが，受け手の子どもたちの印象は随分変わってきます。

　そこで，子どもたちの意見をつなぐことばとして，つぎのようなことばを活用してみましょう。

① 　関連させてつなぐことば
  ・「〇〇さんと意見がちょっと似ている人は教えてください。」
  ・「〇〇くんの意見に，付け加えのある人は，言ってください。」
  ・「〇〇さんや〇〇さんとは違う意見があったら言ってください。」など
② 　新たな意見を求めてつなぐことば
  ・「まだ2つしか答えは出ていませんが，全部で4つ，答えをつくりましょう。つくれそうですか？」
  ・「このグラフからわかることはありませんか。」（この場合は，意見を予測してグラフなどを用意しておく）など

Point!!

　比較的よく使っている「他にはありませんか。」はやめ，補助発問やあらかじめ準備しておいた学習材を活用して子どもたちの意見をつなげていきます。どうしても「他にはありませんか。」を使う場合は，「他の人はどうですか。」のことばで投げかけます。

COLUMN

グループ学習さえ設定すれば
授業が成立するわけではない

> 　グループ学習のあとの発表は，グループの意見をまとめて発表しないで，あくまでも一人一人の意見を尊重し，個人で発言させます。「自分の意見は，自分の意見だ！」「聞いた意見でも同感すれば，自分の意見として発表する」などの考え方を尊重しながら授業を進めることが大切です。

　発問後の個人学習のあとに，グループ学習を設定することがあります。このグループ学習は，小集団学習，話し合い学習，班学習などと呼ばれ，広く授業に取り入れられてきました。4～6名程度の人数で，話し合いを進めていく形式が多くとられてきたのではないでしょうか。

　授業で教師は，「ノートに書いた自分の考えを，グループになって話し合ってみましょう。」などの指示を出します。子どもたちは机を話し合い形式に変え，代表の司会者の子どもにしたがって，それぞれの考えを順番に出していきます。

　グループ学習は，子どもたちが意見を出し合い，よりよい意見を求めていくことに，本来，価値を見出しています。個々の子どもがグループ学習で意見を述べ，さらに自分の意見に自信を持ったり，話し合いによって自分の意見を修正したりするところに，グループ学習の良さがあります。

　グループ学習の整理段階の授業例を紹介します。

T：そろそろグループの考えをまとめてくれますか？
　　（しばらく時間を置く。）
T：それでは，このグループから順番にまとめた意見を発表してくださ

> い。まとめを話す人は，グループの司会をした人，お願いします。
> C：ぼくのグループでは……。

　教師はグループでの活動を設定さえすれば，授業は成立すると思ってはいないでしょうか。
　授業には授業の目標があり，それを達成するための授業展開があり，なかでも授業の目標と結びついた中心の発問や解決過程があります。
　中心発問の解決過程では，問いを子どもたちに投げかけたあと，個人学習や小集団における話し合い学習が行われますが，実際には子どもたちの話し合いが盛り上がらないことも多いものです。
　つまり，問われるのは，教師が投げかけた問いの質です。子どもたちの思いとかけ離れていたり，教師の独りよがりの発問であったりした場合には，話し合いは深まっていきません。やはり，子どもたちの課題意識を突き動かす発問の質が常に問われるのです。

　グループ学習後の活動では，グループによるまとめではなく，一人一人の発言とするようにしたらどうでしょう。話し合いにより自分の意見を削ったり修正したりすることはありますが，あくまでも自分の意見は自分の意見として発表することです。グループ内で聞いた意見でも同感ならば，自分の意見として発表させるのです。
　単に意見をまとめるという活動はグループ学習のねらいにそぐわないですし，子ども一人一人の考えを生かすことにはなりません。

Chapter 4

こんなときどうする？
発問場面での
トラブルシューティング

「これ，もう知っている！」という子ども

> **Q** 塾などで学習内容を事前に知っている子どもがいます。子どもに，「ぼく，もう知っているよ。」とか「もう塾で勉強したよ。」と言われると，混乱し困ってしまいます。どのように，対応したらよいのでしょうか。

　学級には，学習内容を先行して勉強している子どもがいたり，知識として知っていたりする子どもがしばしばいます。塾などですでに一度勉強していることなので，「もう今日の勉強する内容は知っている。また，やるのか。」と，冷めた態度を露骨に示し，授業にほとんど意欲を示さない子どももいます。「みんな知らないんだから，知っていると言わずに静かにしていてくれるか。」などと言いたくなってしまうかもしれません。特に，高学年になると塾に行く子も増えるので，学習内容を知っている子どもも増えてきます。このような子どもも巻き込んで授業づくりをしていくことが大切です。

　まずは，自分自身のこれまでの授業を振り返ってみましょう。

① 授業での発問がすでに塾などで習った知識を問うものではなく，子どもたちの様々な考え方を生かす発問になっていたか。
② 塾と同じような知識を問う発問ばかりでなく，子どもにとって「おもしろい発問」になっていたか。
③ 既習知識を使いながら，多様な考えをめぐらせ，思いを発展させる発問になっていたか。

これらの振り返りを通して，発問によっては「困った子ども」が出てくることがあること，子どもを困った存在にしないためには，発問が大きな分かれ道となることがわかります。
　つまり，塾などで事前に勉強した知識や，すでに持っている知識で答えられる，解決できる発問であれば，当然，その子どもたちは容易に答えます。
　教師が厄介者と思った瞬間に子どもは「厄介者」になってしまいます。どうしても授業の流れに乗せられず，「これ，もう知っている！」となれば，教師は排除しようとしてしまいがちですが，「子どもを生かすこと」を基本に知れば，授業の運び方一つで随分変わってきますし，むしろ，その子どもは，授業の中心となって活躍することでしょう。

　知識を活用したり，生活経験などから考えなくてはならなかったりする発問であれば，塾に行こうが，知識量が多かろうがそれとは関係なく，いろいろな子どもの自由な発想，考え，思いで授業をつくることができます。
　教えなくてはならない学習内容は確実に教えなくてはなりませんが，「おもしろい発問」では，単なる知識だけでは答えられないことが多くなるでしょう。知識中心の授業で，「ぼく，知っているよ。」という子どもを生まないためにも，活用し，思考する場のある「おもしろい発問」を考えることが大切です。

Point!!

　すでに学習内容を知っている子どもを，授業で生かすことを考えます。知識理解ばかりを問う発問だけで授業を構成するのではなく，既習知識を生かしたり生活経験や発想などを駆使したりして解決する，「おもしろい発問」づくりを心がけます。

学習内容に沿わない発言をする子ども

> **Q** 自信を持って手を挙げていたので,その子どもを当てたところ,授業意図とはかけ離れた答えでした。こうしたトンチンカンな発言は,どう生かしたらいいですか。

　授業中,元気よく手をあげて発表するものの,中にはとんでもないトンチンカンな発言をして教師を困らせる子どももいます。

　トンチンカンな発言をした子どもに「しっかり聞いてなさい。」と注意したり,「もう一度よく考えてみましょうね。」とその場を取り繕ったり,その子の意見がなかったかのように無視したりと対応は様々です。

　このような場合には,板書にも教師の困り具合がよく現れます。教師があらかじめ想像していた発言は,黒板の真ん中付近に堂々と発言内容を板書しますが,学習内容に沿わない発言内容は,黒板の隅に小さく書くか,ひどいときには全く無視されます。

　なぜ,学習内容に沿わない発言をするのでしょうか。
① 教師の発問をよく聞いていない。
② 発問の内容を理解しないまま,意欲が先行し,内容が伴わないまま発言しようとしてしまう。
③ 発問の内容は理解できるが,筋道を立てて,予想したり考えをまとめたりすることが苦手である。しかし,発言することは好きで目立ちたい。
④ 発問を正しく受け止めることができない。

などといった原因が考えられます。つまり,子どもの問題であるとともに,教師の発問がよくわからないことも大きいと言えるでしょう。ひとくくりに

子どものせいにしないで,教師が発する指示や発問をもう一度,考えてみる必要があります。

教師の対応例をまとめてみましょう。

> ・学習内容に沿わない発言の原因を子どもに求めず,発問内容や発問の仕方などの指導者側の原因として考える。
> ・学習内容に沿わない発言を授業の中に生かしていく方法を考えるとともに,発言した子どもにはその授業の中で,できるだけ早く適切な指導を心がける。
> ・必要に応じて学習内容に沿わない発言を繰り返す子どもに個別指導をする。

　仮に,発問のあとで自分の考えをつくる個人場面を設定したら,机間指導を有効に活用します。このとき,学習内容に沿わない考えを見つけたら「この考えは,どういうこと?」「先生はどんなことを聞いていたかわかるかな?」などを問い,考えを子ども自身が修正できるようにします。

Point!!

　授業での学習内容に沿わない発言が起きてしまう原因を考え,ときに個別指導を設けます。授業中,学習内容に沿わない発言が出たら,慌てないで冷静に受け止め,その原因を判断して指導したり,授業の中で学習内容に沿わない発言を生かした展開を工夫します。

間違うことを極端に恐れる子ども

> **Q** 学級には正解しか言おうとしない子どもがいます。「間違ってもいいんだよ。」「正解ばかりにそんなにこだわらなくていいんだよ。」などの指導はしていますが，改善が難しいです。

　子どもたちは，「正解を出したい。」「正しい答えを言いたい。」との思いで授業に臨んでいます。それは，どんな子どもでも言えることです。

　しかし，授業をする教師は「間違ってもいいんだよ。」「教室は間違うところだ。」「間違った答えがあるからこそ，正解が正解とよくわかるんだ。」などと，失敗を認める指導をしています。この点が，子どもたちの実態と合致しないことがあります。「たくさんの子どもに発言してほしい。」「発言に区別はありません。」「たくさんの意見の中で議論をつくりたい。」などの教師の授業への願いと，子どもたちの実態とのズレを認めなくてはなりません。

　それは，教師がいくら子どもたちに頑張って指導しても，容易くは埋まっていきません。子どもたちにとっては正解を確実に述べることが理想ですから，どんな励ましも子どもたちにとっては有効ではないのです。教師は頑なな子どもたちを前にして，なんとか子どもたちの考えを打破しようとしますがどうしても，「現実は，うまくいかない。」という教師のジレンマが起こってしまいがちです。

　そのためには，次のような発問を心がけたいものです。
　① 正解主義に陥らない発問づくりをする。
　② 学力的に上位の子どもでもどう考えていけばいいのかを迷う発問づく

りをする。
③　発問後の指名の仕方を工夫する。いつも同じようなメンバーを順番に当てていくようなことがないようにする。

「教室は間違うところだ。」と言っている教師も，学力的に上位の子どもの発言に依拠していることに気づきましょう。子どもたちの発言が詰まったり，まとめや最後のつめだったりすると，決まってそうした子どもの発言に頼ることはありませんか。
　教室は，教師が描いているほど理想通りにはいきません。どうしても授業を成立させるために，発言力のある子どもに頼らずにはいられません。こうなると，いくら「間違いなさい。」と教師に言われても，子どもたちは，やはり正解を目指すものです。
　こうしたことを教師は自覚しているでしょうか。自覚を持って指導に当たるのとそうでないのとでは，子どもたちの反応は随分違います。子どもたちの思いを大切にした指導を心がけなければなりません。

　子どもたちの，「間違いはしたくない。」「間違えると恥ずかしい。」の意識を払拭するとともに，間違いをあたたかく受け入れる学級づくりをすることも欠かせません。

Point!!

「教室は間違えるところだ。」といくら教師が言ったとしても，子どもたちはいつも正解を発言しようとしています。この実態を踏まえて，子どもたちの発言の取り上げ方を工夫します。また，発問そのものを工夫し，子どもたちみんなが自由に意見を出せるように工夫します。

発問の内容を理解できない子ども

> **Q** 教師の発問を聞いていなかったわけではなく，一生懸命に取り組んでいるにもかかわらず，発問が理解できない子どもがいます。子どもたちに発問内容がしっかりと伝わり，意欲的な授業参加を保証するには，どうすればよいでしょうか。

　子どもが発問の内容を理解できないときには，子どもの問題というよりは発問そのものに問題があると考えるべきでしょう。授業内容が理解されないまま進んでしまうので，子どもが発問に対して答えられないのです。
　指導する教師に求められるのは，その発問が子どもたちに理解されているかどうかを確かめながら進めていくということです。この確認を怠ると，子どもの意欲的な授業参加は望めません。

　よく教師は確認のために，授業中，「わかりましたか。」ということばを多用します。「わかりました。」の声を聞き，安心して授業を進めてしまってはいませんか。子どもたちが「わかりました。」と答えるのは，とにかくそう答えておけばよいという経験に基づいているだけのことかもしれません。また，そう答えているのは一部の子どもだけかもしれません。
　「わかりましたか。」という問いは，本来は慎重に使わなければいけないものなのです。しかし，本当に理解されたかどうかの確認は難しいにもかかわらず，授業では頻繁に使われています。まずは「わかりましたか。」ということばを使わないことから始めてみましょう。

　もしも，多くの子どもたちが発問の内容を理解できない場合は，次のよう

な手立てを打つことが考えられます。

① 教師は，発問をゆっくり繰り返して言います。このとき，発問のことばを変えると，かえって子どもたちが混乱することを考え，同じことばで，ゆっくりと発問を繰り返して言うようにします。
　　ただし，繰り返しに慣れてしまうと，「聞いていなくても，先生がまた言ってくれるだろう。」と思ってしまいます。並行して，子どもたちに一度で聞きとることや聞くことの大切さなどを指導することが必要です。
② 黒板にはっきりと発問を書きます。子どもたちにことばで発した発問と同じ発問を，できるだけわかりやすいところに板書します。赤チョークで発問を囲むなどの工夫をし，子どもたちに注目させます。
③ ①・②でも理解できない子どもがいたときは，「先生がどんなことを質問しているのか分かる人は説明してくれますか。」「今日の大切な内容が言える人？」などと子どもに聞き返します。教師が言い直すより，子どもが言い直すことで発問や学習内容が理解できなかった子どもの理解を促すことができます。

Point!!

発問内容がわからずにいると，授業そのものが理解できなくなってしまうケースがあります。そのまま放置するのではなく，発問における教師の適切な確認や手立てを工夫することにより，どの子どもにも発問への理解を促します。

わかっているのに発言しようとしない子ども

> **Q** 学級には，高い能力を持ちながらわかっていてもいっこうに発言しようとしない子どもがいます。そういう子どもには「力はあるんだから」と言って励ましても，あまり意欲的に発言することはありません。

　明るくて元気な子どもを志向する教師は，学力は高く授業には真剣に取り組むものの，ほとんど発言しない子どもをあまり好まない傾向にあります。「せっかくの力を出し切っていないのではないか。」と考えるからです。

　ですから，教師は「能力は高いんだから，ちゃんと発言すればいいのに……。」と思ってしまうし，ときにはその子どもに対して，発言を強要することさえあります。こうした，教師からやや敬遠されがちな子どもでも，実はほとんどの子どもは「発表したい」と願っています。

　「発表したい」との思いを持ち，考え方や発想にも恵まれているにもかかわらず，発言しないのはどこに原因があるのでしょうか。その子どもの性格なのでしょうか。教科による好き嫌いなのでしょうか。苦手意識のある教科なのでしょうか。

　その子が発言しないのは，「発言しない」のではなく，「発言できない」のかもしれません。

　教師はこのような子どもに対してどのようなフォローをしていけばよいのでしょうか。

　① 固定観念で見ていた子ども観を変えます。「発表しないのではなく，発表したくてもできない子ども」もいるという考えを持ちます。
　② 否定的に捉えず，授業で生かしていこうという考え方を持ちます。

③　積極的に発言しない子どもでも，決して意欲がないわけではありません。「発言はしないが意欲のある子ども」の特性を認め，まとめ，個人学習などで生かしていく場面をつくります。
④　自分の考えに自信を持つことができれば，発言に対する抵抗は薄れていきます。机間指導で，意見をフォローし，発言への勇気づけを続けます。

　具体的には，該当する子どもが発問されていることを理解し，自分の考えを持っているかどうかをまず確認することです。自分のしっかりした考えを持っていれば，指名されても恥ずかしいことは何もない，という学級文化をつくることも必要です。
　教師は，発問のあとの机間指導を利用して，確かに考えを持っているかどうかを確かめ，発言への励まし，たとえば「この考えはいいよ。あとで発言してね。」などで発言を促します。また時には，挙手している子どもより，教師からの意図的な指名をして授業をつくっていくことも行ってもいいかもしれません。
　能力はあっても発言できない子どもは，極端に間違えることを嫌いますから，わかりやすくて答えやすい授業の導入部分を工夫していくことも大切です。とにかく，発問に対する自信を付けていく指導を心がけます。

Point!!

　能力はありながら，発言しない子ども，発言できない子どもでも，頑張ろうとする気持ちを持っています。否定したり固定観念で指導したりすることなく，授業中，その子どもの頑張ろうとする学習意欲を大切にしながら，まとめ，個人学習，などの場面で生かしていく工夫をします。

学級全体ではなく教師に向かって発言してしまう子ども

Q 子どもたちには、「みんなの方を見て、発言しなさい。」と言っていますが、すぐに教師に向かって発言をしてしまいます。どのような指導をしたら、子どもが学級全体に向けて発言する授業をつくれるようになるのでしょうか。

「子どもたちがつくる授業」を目指して、教師は子どもたちにいろいろな指示をしています。

その中には発言に関するものも多く、たとえば「はっきりと大きな声で、みんなの方を向いて発言しましょう。」とか「聞いている人たちは、発言者の方に体を向けましょう。」などと指導をし、発言に子どもたちを集中させようと努力します。

これは、子どもたちに「授業はみんなでつくるもの」との意識を持たせたいからです。子どもたちが一つになり、授業を作り上げる姿を理想としているからです。

ですから、授業中、子どもが教師に向けて発言しようものなら、「先生じゃなくて、みんなの方を向いて発表しなさい。」と指導することになります。

「子ども同士で討論させながら、授業を子どもたち自身でつくらせたい。」との気持ちはわからないわけではありませんが、子どもは、やはり、「先生に自分の意見を聞いてほしい」「自分の意見を先生にわかってほしい」といった思いを持っています。

教師が発問を投げかけると、多くの子どもたちは我先にと発表しようとしますが、周りの意見を気にして発言することは稀です。ほとんどの場合、自

分本位の教師に向かった発言に終始します。

　教師の思いと子どもの素朴な思いとのズレに教師が気付き，受け入れた上で，どのような指導をしていくかをしっかりと考えるべきです。

　発問への反応の速さを競う授業であっては，子どもたちの考えが単発的になって，つながりがあまりみられません。そういう授業だと，子どもは教師に向かって発言をするようになります。だからこそ教師は，子どもたちの興味が湧く発問をしっかりと準備し，時間をかけた取り組みをしていかなければならないのです。

　たとえば，子どもが発言するとき，その都度，教師の聞く立ち位置を変えたらどうでしょうか。教卓のところにずっと立っていないで，子どもの発言する位置に合わせて教師の立ち位置を変えていくのです。教室の前をさりげなく動くことになりますが，必ず，発言する子どもと相対する位置にさりげなく移動し，発言する子どもの視野に入ることです。子どもは教師が視野に入れば，安心して発言することができます。

　また教師の中には，子どもの発言にいちいち「うん，うん。」「なるほど，なるほど。」「それでどうしたの？」と，合いの手を入れる方もいます。もちろん，傾聴の手本としての姿を見せる必要がある場合もないわけではありませんが，「みんなに向けて発言するように」ということを徹底させたいときには，控えたほうがよいこともあります。

Point!!

　「みんなの方を見て発言しなさい。」などの一方的な指示ばかりではなく，子どもたちの素朴な気持ち＝「教師に自分の意見を聞いてほしい」ということをしっかりと受けとめ，子どもの意見を，しかも黙って静かに聞くなどの姿勢をとります。

途中から意欲をなくしてしまう子ども

Q 「これはおもしろそうだ」という発問をつくったものの,「さあ,解決しよう」という場面になった途端,急に子どもたちは意欲をなくしてしまいました。

　教師が子どもたちの意欲を湧き立てる発問をして,子どもたちも「おや?」「なぜなんだろうか?」などと疑問を持ち,いよいよ追究場面にさしかかったにもかかわらず,なぜか急に子どもたちが追究意欲をなくしてしまうことがありました。
　この原因は一体どこにあったのでしょうか。
　① 子どもたちが「なぜ?」を感じたことに満足してしまい,追究意欲がなくなってしまった。
　② 子どもたちは疑問を持つことができたが,解決の手がかりや見通しを持っていなかった。

このような場合,つぎのような解決策が考えられます。

◆**解決への手がかりを与える**　本時の実践の前にやっておきたいこと

・子どもたちが,どんな知識を持って授業に臨もうとしているかなどを調べ,授業づくりに生かします。
・単元展開で学習したことが解決への手がかりとなります。
・単元展開が生きる発問づくりをします。

◆**解決への見通しを持たせる** 本時の実践の中で取り組みたいこと

・元の中心となる発問を，補助発問で補い，解決の見通しをつけます。
・補助発問では，「どんなことを調べたら，自分の考えがつくれそうですか。」「どんなものを使ったら，自分の考えがつくれそうですか。」などを用意しておきます。
・解決のための時間を十分に保証します。

　子どもなりの考え方ができるための道筋をつくっていくことが大切です。単元展開の中で，解決につながる「手がかり」や「見通し」を付けていくことで，子どもたちの学習意欲が継続され，主体的な学びをつくることができます。子どもが意欲をなくしてしまう理由としては，「これまでこの考え方があいまいになっていなかったか」「解決の段階を軽視していなかったか」などの反省点があげられるでしょう。
　子どもたちが追究する問題をつくることがすべてではなく，問いを解決してはじめて子どもたちの確かな学力となることを十分に理解しておきましょう。そこには，子どもたちの解決への手がかり，見通しをしっかりと踏まえた取り組みが望まれます。

Point!!
　途中までやる気を持って取り組んできた子どもたちが急に意欲をなくしてしまうのは，解決への手がかりや見通しがない場合が考えられます。単元展開の工夫や，子どもたちの既習知識などを把握しながら，子どもたちの追究意欲を継続させます。

Chapter 5

これでお悩み解決！
発問にまつわる Q&A

Q1 教師主導にならないように…と言われます。教え込みはだめなのでしょうか。

A1 新しい学習指導要領で重視される「主体的・対話的で深い学び」（いわゆるアクティブ・ラーニング）を念頭に，子ども主体の授業づくりをしましょう。

　教師は子どもたちに"教えること"が大好きです。自分の持っている知識，１時間の授業を成立させるために費やしてきた教材研究から，獲得してきた知識のすべてを子どもたちに伝えようとしてしまいがちです。

　「教師は教えることがすべてだ」と考えている教師は，往々にして発問がどうのこうのということにはあまり関心がありません。ひたすら教えることが大好きな教師は，教えることで教師として自己満足してしまっているのかもしれません。子どもたちに豊富な知識などをシャワーのように浴びせ，子どもたちの知識をより多く膨らませることに喜びを感じているわけです。

　かつては，多くの教師が学力そのものを，知識量と捉えていました。知識の量と考えているために，どうしても講義中心の授業になってしまいました。ひどいときには，ただ教科書を読むことによって進めることがありますが，これはあまりに知識偏重になってしまうでしょう。

　講義式の授業を歓迎する子どもも実はいます。早くから塾に通って成績のできを気にしたり，家庭教師がついていて点数に極端に固執したりする子どもは知識がはっきりする講義式の授業を歓迎しています。

　こうした子どもがいる限り，いつまで経っても教師も子どもも知識偏重から逃れることができません。

　新しい学習指導要領では，知識を身につけることだけでなく，身につけた

知識をいかに使うか，が問われています。単純な知識量の多さが学力そのものを表すとは言えなくなるのです。だからこそ，子ども自身が主体となり，考えることが求められています。

　教師主導型の授業では，講義を中心に，授業を展開することになります。
　一方，子ども主導の場合には，目指す学力観を丁寧に読み取り，どんな力を付けたいかを吟味し，「子どもたちにとって，この発問はどうなのか？」という，子ども中心のスタンスで授業を考えていきます。子ども中心の教師は，子どもたちが発問を解決することを通して，主体性とともに，確かな学力を身に付けることを課題にします。

　教師は教えることが商売ではありますが，「気付かせて教える」「教えないで教える」ことで，子どもたちが獲得していく力を課題とします。
　「教えないで教える」ことの一つの方法として，発問があります。
　対象をじっくり掘り下げて考えてみたり，考える範囲を広げてみたりするなどの思考力は，発問でいっそう育まれますし，様々な獲得してきた知識，考え方などを組み合わせて新しい考えを構築したり，事がらの原因について学んだことを当てはめて説明したりするなどの応用力が養われ，また，自分の考えなどを多様な方法で表現したりする力などを育むことになります。

　教師は教えることが使命ではありますが，「おもしろい発問」により，子どもたちを生かした授業づくりをしていくことが望まれます。

Q2 授業目標と発問のリンクのさせ方がわかりません。

A2 「この授業では，ここをどうしてもやりたい」という思いや願いを，授業目標に明確に表し，授業の展開づくりや発問づくりと結び付けてわかりやすく表記していきます。誰もが授業目標をみれば，授業の意図や大まかな授業の展開がわかるようにします。

一つの授業目標の例をあげて説明してみましょう。

> ● 1年生　算数　『かずくらべ』の授業目標の例
> 　好きな動物のグループ分けをする活動を通して，数に関心を持ち，資料を分かりやすく整理する方法を考える。

授業目標は，授業者が「この単元で子どもたちにこんなことを学ばせたい」ということを表現します。したがって，授業目標さえあれば，授業の大まかな展開が分かることになります。

授業目標の例にあげたものをもう一度見てみましょう。まず，「好きな動物のグループ分けをする活動を通して」とありますから，好きな動物を使って，それをグループ分けする活動を組みながら授業を展開していくことがわかります。そして，その活動によって子どもたちに数への興味・関心を持たせたいという授業者の願いもわかります。

しかし，授業の中心であるはずの「資料を分かりやすく整理する方法」について，授業者がどのように考えているのかはよくわかりません。授業目標は，授業者がこの時間で何をやりたいか，何をやるかが短いことばに凝縮されたものです。裏をかえせば，たとえ，短い文書表現であっても，授業者として何をやりたいかがはっきりとわからなくてはいけません。

どんな整理の仕方を子どもたちが発見すれば,「資料を分かりやすく整理する方法」がわかったことになるのでしょうか。たとえば,同じ絵のカードごとにまとめて数えることが,「わかりやすく整理する方法」なのか,縦横で並べてみることが「わかりやすく整理する方法」なのかなどの授業者としての意図を明確にして授業目標に盛り込んで書くことが望まれます。

授業目標に授業の意図を具体的に明らかにすれば,授業の展開づくりや発問づくりは俄然考えやすくなります。仮に授業者が「同じカードを縦横に整理し,並べて数える方法を子どもたちに学ばせたい」と考え,これを授業目標にして発問にしたらどうなるでしょうか。

> ○授業目標　好きな動物のグループ分けをする活動を通して,数に関心を持ち,同じカードを縦横に並び変えたりしながら,資料を分かりやすく整理する方法を考える。
> ○発問例　カードが多い,少ないということを分かりやすく数えるには,どうしたらよいですか？

「おもしろい発問」を設定していくためには,子どもたちが教材に対してどのように考えているのか,教材の持つ本質とのズレは何かなどをまずは考えましょう。子どもたちに何に着目させるのか,どんな手立てで子どもたちを変容させようとしているのかを授業目標で明らかにすることで,授業目標と発問が乖離することはなくなります。

Q3 「なぜ？」「どうして？」と繰り返し発問することの問題点はなんですか。

A3 「なぜ？」「どうして？」の発問がすべて悪いわけではありませんが，子どもたちに発問への課題意識や問題意識があるかどうかが，発問の善し悪しを決定付けます。「なぜ？」「どうして？」を多用しないで，子どもたちの思考や疑問などを生かして発問をつくることが大切です。

教師からの「なぜ？」「どうして？」を連発した授業では，応答に困った子どもたちが次第に追い込まれ，追究心，探究心を失っていくことがあります。「なぜ？」を必要以上に使うことによって子どもたちを追い込んでしまうのです。

●3年生　社会科　『地域の自慢を調べよう』
※地域の調べたことをグループごと発表したのちに，T1，T2の発問となりました。
○発問　T1：なぜ東名やバイパスを使うのかな？
　　　　T2：なぜ東名やバイパスにはトラックが多く走っているのかな？

「なぜ？」「なぜ？」の連続です。「なぜ？」が連続すると，子どもたちの意欲は後退します。それは，発問に子どもたち自身の課題意識，問題意識が含まれなくなるからです。子どもたちに「なぜだろうか？」「どうしてだろうか？」という意識が生まれてこない限り，「なぜ？」という教師の発問に，子どもたちの追究心は湧き起こってきません。

この教材「地域の自慢を調べよう」で，子どもの中から出てくると予想さ

れる質問，疑問を考えてみます。

> ○高い料金を支払う東名をたくさんのトラックが使うのはなぜか？
> ○料金を支払わなくてもよいバイパスには，たくさんトラックが通っているが，東名にもたくさんのトラックが通っているのはなぜか？
> ○東名は，普通車がたくさん通ると思っていたら，トラックがたくさん通る。それは，なぜだろうか？
> ○バイパスと東名にはトラックがたくさん通っているが，同じトラックでもそれぞれの道路を通るトラックに違いはあるのか？

　このような疑問が出てきたらしめたものです。教師は，予測される子どもたちの疑問から，授業の目標に照らし合わせ，最もよいと考えられる疑問を発問として設定すればよいのです。
　もし仮に授業者が，「子どもたちに地域の交通，道路の役割を学ばせたい」との願いを授業づくりで持っていたならば，これにかかわる疑問となっている，「バイパスと東名にはトラックがたくさん通っているが，同じトラックでもそれぞれの道路を通るトラックに違いはあるのか？」を生かしていくことになります。

　発問づくりでは，つい「なぜ？」「どうして？」を安易に使いがちですが，子どもたちの思考の流れや疑問を生かし，授業目標との関わりを十分に吟味しながら発問を設定することが求められます。一人一人の子どもが，発問に対して課題意識や問題意識を持てるかどうかが発問づくりの勝負どころです。

Q4 教室のどの子どものレベルにも合わせるためには、発問も学力の低い子どもに合わせなくてはならないのでしょうか。

A4 「どんな子どもにも授業に積極的に参加させたい」との願いは大切ですが、それは学力の低い子どもに合わせた発問をつくるということではありません。たとえ、知識理解を中心とした発問であっても、工夫して投げかけ、全員の子どもが授業へ参加できる工夫をします。

　知識理解が難しい子どももなんとか授業に参加させたいという気持ちで発問を考えることは大切ですが、1時間および単元全体で知識理解のみを問うような発問ばかりでは子どもの意欲は下がってしまいます。

　発問は、子どもたちを積極的に発言させることが目的ではありません。子どもたちに積極的に発言させることを目的にしてしまっている教師は、どうしても子どもたちが発言しやすい発問をしがちです。

　次の2つの発問を比べてみましょう。

> ○知識理解にはたらきかける発問例
> 　「○○について、知っていることを全部あげましょう。」
> ○生活経験にはたらきかける発問例
> 　「みなさんの家では、○○をどのように使っていますか。」

　2つの発問を比べてみると、知識理解にはたらきかける発問では、知っている子どもは答えられますが知らない子どもは全く答えられません。一方、生活経験にはたらきかける発問では、仮に学力レベルは低い子どもであっても、自分の経験を生かして発問に答えられるチャンスが十分に出てきます。

授業では，子どもたちの生活経験のほか，興味・関心にはたらきかける発問を設定していくことも考えられます。
　たとえば，次のような発問例をあげてみましょう。

> 発問例：「この写真のどんなところが不思議ですか？」

　この発問は，「わからなくても考えることで答えることができる」状況を子どもたちにつくりだしています。

　また，知識理解を問う発問であっても，工夫によっては有効に活用することができます。

> 知識理解を問う発問例：「これはなんといいますか？」

　この発問を子どもたちに投げかけたままにしておくと，わかっている子ども，知っている子どもだけが反応することになります。そこで，子どもたちに発問を投げたあと，次の内容を付け加えて授業を展開します。

> 知識理解を問う発問例＋補助指示例：「これはなんといいますか？」＋「答えが思いつかない人は教科書○○ページからさがしましょう。」

　補助発問を付け加えることによって，どんな子どもでも授業に参加する条件ができます。たとえ，知識理解の発問であっても，工夫次第で子どもたちを生かすことができるようになるのです。

Q5 対立を生む発問で「結論なし」のまとめはよいのでしょうか。

A5
子どもたちが結論を自分たちで導き出せる授業にしなくてはいけません。また、活発に議論をさせたいがための安易な「対立」を生む発問は控えましょう。

「Aですか、Bですか。」という発問を投げかける授業を何回か見たことがあります。「対立」という図式は、子どもたちの関心を呼び、AかBかの議論は大いに盛り上がります。

しかし、対立をつくりながらも結論のない授業に出会うことがあります。授業をしている教師は「AかBかを議論していることに価値があり、結論は二の次だ。」と言って、討論ありきのスタンスをとるからです。しかし、子どもたちは違います。授業後、「本当は、AとBのどちらが答えなんですか。」「答えがはっきりしないのは、納得できません。」などと教師に迫ってきます。教師の見解と子どもたちの見解とが、大きく食い違ってしまっています。ここに大きな問題が潜んでいます。

6年生社会の「対立」のある授業を例に、みていきましょう。

●6年生　社会　『日本の開国』
○展開
　T：幕府が開国したのは、幕府にとってよかったか、それともよくなかったか？
　C1：よかった。開国していなかったら、外国に支配されていたと思う。
　C2：よくなかった。開国をしたことで、いろいろな出来事がおこった。開国が幕府をつぶす結果となったと思います。

> C3：……。(このあと，子どもたちの意見が続いていく。)
> ※結論は，はっきりしない。

　この授業後の検討会では，次のような意見が指摘されました。(○はよかったこと，●は考えてみたい課題についての意見です。)

> ○「対立」が，意欲的な参加を促すことができた。
> ○対立させることで，多くの意見を子どもたちが発表できた。
> ●意見は多く出るが，何を学ばせたいのかがわからない。
> ●子どもたちは，どちらかの結論を気にしていた。
> ●結論がないために，結論を求める子どもたちが消化不良を起こしてしまうのではないか。
> ●教師の意図と子どもの思いとが，食い違う。

　課題が多く出ていることが見て取れます。「おもしろければよい。」「議論が盛り上がることがねらいだ。」などと，安易に対立させ，討論をさせるためだけの発問はNGなのです。確かに子どもたちの議論は盛り上がっておもしろいですが，ただ単におもしろいというのは，本当のところの「価値ある授業」，「おもしろい授業」ではありません。やはり，子どもたちがじっくり討論し，結論を自分たちで導き出せる授業・発問であるべきです。

　結論があやふやで，這い回るだけの議論を子どもたちが繰り返していると，次第に議論をすることのおもしろさも薄れ，学習意欲も示さなくなってきます。

Q6 「授業の落としどころ」と発問にはどんな関係がありますか。

A6 「授業の落としどころ」という言葉からは，教師中心の一方的な授業展開やまとめ方などが想像されます。しかし，あくまでも発問を生かした子ども主体の授業を進め，まとめにおいても子ども主体の考え方や進め方をしながら「落としどころ」を探ることは可能です。

　教師間では，「この授業の落としどころは，どこですか。」など，「落としどころ」ということばが使われることがしばしばあります。

　「落としどころ」という用語からは，たとえば，授業のまとめでも教師中心のイメージが浮かんできます。そこには，教師の指示・説明はあっても，発問は存在しそうにありませんし，子ども主体のイメージはありません。

　子どもたちは，授業が教師によってどのように展開されるのか予測はできません。こうなると，やはり，まとめは教師の出番となりますが，前面的に教師が出て，学習のまとめを行うのが，当たり前だと思っている教師が数多くいます。

　教科書を使ってポイントを教師が解説したり，教師が一方的に解説したりするまとめで，子どもたちの影はありません。

　そこで，子ども主体の授業にするためには，発問によるまとめを工夫することが望まれます。

○発問例１：今日，勉強した「四角すい」には，どんな特徴がありましたか。
○発問例２：バスケットボールのパスでは，どんなことがわかりましたか。箇条書きで整理しましょう。
○発問例３：今日，学んだことの中で，次の授業の野菜サラダづくりに

> どんな点が生かせますか。

このように，まとめの発問は大きく3つにわけることができます。

> ○発問例1　学習内容の振り返りをする発問
> ○発問例2　学習内容を整理する発問
> ○発問例3　次時の学習へつながる発問

　授業のまとめは，学習の評価にもつながります。多くの教師は単元が終わると必ずと言ってよいほど，単元のまとめプリントを実施します。単元のまとめプリントは教師により点数化され，成績評価に反映されます。こうなるとどうしても，知識・理解を中心とした評価となることは否めません。

　授業では「このことで，どんなことがわかりましたか。」などのまとめ発問から，自分の意見をまとめさせる個人学習へと移りますが，ここで形成的評価として子どもたちに学習評価を加えます。机間指導をしながら，「授業の落としどころ」に子どもたちがどこまで到達しているのかを判断するためです。到達していない子どもの補いも合わせて考えることが望まれます。

　授業のまとめは，子どもたちの学びをまとめ，一人一人の学びを評価することで学習の定着が図れたかどうかを診断する貴重な時間です。

　「落としどころ」という言葉を単なる教師主導のものと捉えるのではなく，子ども主体で捉え直し，付けたい力を見通した発問をすることが求められます。

Q7 発問に対して挙手している子どもを不公平感なく指名するにはどうしたらよいでしょうか。

A7
指名する子どもが偏らないようにするのは当然のことですが，指名順，評価，個別指導などを工夫します。そうすることで，指名への不公平感をなくし，どの子どもも意欲を持って学習に取り組むようになります。

　子どもの発言をまとめる教師は，発言しようとする子どもをなんとかコントロールしようと苦心します。誰を最初に指名するか，次に誰を指名するか……。一般的には学力の低い子ども，発言力のない子どもから順番に，能力の高い子ども，発言力のある子どもへと指名していきます。

　ところが，子どもたちも教師のそうした意図はよく分かっていて，「だいたい次は○○くんが当たりそうだ。」という読みをしています。教室内にあたかも序列が存在しているかのようになるのです。

　教師の指名順の意図を理解しつつも，子どもたちは「言いたいんだから，もういい加減，当ててほしい。」との思いを必ず持っています。

　そのためには，

① 子どもたちに，公平感を持たせる指名の仕方を心がける。子どもの「いい加減，当ててほしい」の思いが不満にならないように指名順を変えたりするなどの工夫をする。
② 学級づくりの中で，発言への取り組みを子どもたちにつくらせる。「授業の発言は独り占めしない。」などの学習のルールづくりを進める。

などといったことに取り組む必要があるでしょう。

教師の困り感を子どもたちに悟られず，しかも公平に指名することは，そう簡単にはできません。

　最大の困り感は，子どもたちの発言が急に減ったときです。このとき発言しようとする子どもは，決まって能力の高い子どもか，発言に自信のある子ども，ないしはその両方の能力を備えた子どもになります。

　教師はなんとか授業の目標に到達させようと，限られた能力の高い子どもたちを指名して授業をやりくりしようとしますが，口には出さないまでも，しらけたムードになるのは自然の流れです。

　とすると教師はいったいどのように活動すればいいのでしょうか。たとえば，机間指導で指名しようとする子どもを意図的に考えます。挙手をして発言しようとしている子どもと，指名によって活かされる子どもを併用していくということです。

　「発言の組織化」ということばがあります。授業の中で，子どもたちの発言をコントロールできたら，どんなに楽なのにと思ってしまいますが，ふだん，あまり発言しようとしない子どもや発言することが苦手と思っている子どもなどを生かしていくという考え，あくまでも考え方ができていることを前提にして，意図的な指名をしていくのも一つの手です。

　学習形態を工夫していくことも大切です。発言を中心とした一斉授業から脱却し，幅広く子どもたちを生かしていけるよう，多様な学習形態を活用しましょう。

Q8 授業時間が残り少なくなると、焦って強引にまとめようとしてしまいます。

A8 教師主導の強引なやり方の「授業のまとめ」はやめ、子ども目線に立ち、子どもの考えを中心にまとめができるようにします。そのためには、ゆとりを持った授業構想、「授業のまとめ」、前段階の軽い扱いなどを踏まえた授業構想を考えて取り組みます。

　丁寧に教材研究をして臨んだ授業ほど、前半に思わぬ時間的なロスを生じさせてしまうことがよくありますが、「今日はどこまでやるか」「どのようにまとめをするか」などの決断をしなくてはなりません。
　時間がなく、それでも授業の終わり方について「どのように授業を終わるか」の決断をする場合、子ども中心にまとめるのか、まとめはあきらめてやめてしまうのか、それとも教師中心に強引にまとめをするのかなどの選択を迫られます。

　ともすると、授業の遅れが出ないように、時間内に予定通りの学習内容を終わらせようとする意識が働きます。このためか、授業の終末になると、急に教師の出番が増えることになります。まとめることを意識するあまり、話し合いの途中でも、その話し合いの中に突然割り込んでは、教師の考えを押し付けてまとめたり、教師の考えに合っている子どもの考えだけを取り上げ、教師の考えに合わない子どもの考えは無視したりしてまとめてしまうことがあります。
　教師中心でまとめる授業パターンが定着してしまうと、子どもたちの中にも、「どうせ最後は先生がまとめてしまうから、意見を出しても仕方がない」という思いが蔓延してしまいます。教師が強引に授業をまとめようとすればするほど、子どもたちの意欲は後退していきます。

子どもたちに発問を投げかけたら，たとえ言いたくてもじっと我慢していなくてはなりません。焦って授業をまとめてもいいことはないのです。

　授業とは何かを，教師自らが問う必要もあります。授業とは膨大な知識とともに，社会性，人間性などの基礎を身に付ける場でもあります。確かに学力として教えなければならないことはありますが，そのなかには知識理解とは別なものがあります。
　だからこそ，中心となる発問を徹底して追求していくという視点を持たなければなりません。
　本来ならば，子どもたちが議論を重ねて出した結論が一番のまとめになります。子どもたちが自分たちなりの結論に達したとき，それが本当の力となっていくのではないでしょうか。もう少し子どもたちを信頼し，教師主導のまとめを子どもたちに委ねてみてはどうでしょうか。
　例えば，「〇年〇組の人たちによる三角形の定理」と題し，自分たちなりのことばで定理をまとめさせることもできます。稚拙ではあっても，子どもなりのことばで，子どもなりの表現で，しかも意欲を持たせて学習に取り組ませることが大切です。
　「授業のまとめは教師がするものだ」という固定観念でまとめを捉えるのではなく，「君たちの結論はなんですか。」と聞き返すくらいのスタンスで臨みたいところです。
　視点を変えて考えるならば，丁寧に進めていた授業の前段部分を軽く扱うことで，「授業のまとめ」の時間を生み出すことはできないでしょうか。「授業のまとめ」を十分に踏まえた構想が望まれます。

あとがき

　どんな教師でも，よい授業を創りたいと願っています。ところが，毎日，それもたくさんの教科の授業を担当していると，つい惰性で授業をこなすことになりがちです。「毎日，たくさんの教科の授業を担当しているんだから，丁寧な授業づくりに取り組むのは無理だ」と言う理由を隠れ蓑に，つい授業づくりに力を抜いてしまう傾向さえあります。

　「おもしろい発問」づくりへの道は，決して容易な問題ではありません。多くの時間も必要ですし，教師としての努力も問われますし，授業づくり，発問づくりのセンスも大切な要素となります。

　こう考えると，よい授業づくり，「おもしろい発問」づくりを放棄してしまいたくなりますが，そこは教師としての意欲，熱意でカバーしていくほかありません。不思議なことに，「おもしろい発問」づくりに取り組めば取り組むほど，「おもしろい発問」が思いつくようになりますし，効率的に進めることができるようになってきます。

　子どもたちにとって，その発問がおもしろくて価値あるものであれば，充実した授業が展開されるはずです。
　今後も，発問づくり，「おもしろい発問」づくりに鋭意努力していただきたいと思います。

大畑　利則

【著者紹介】

大畑 利則（おおはた としのり）

昭和27年4月24日，静岡県焼津市生まれ。昭和50年に島田第二中学校を皮切りに中学校教諭を務め，平成9年には静岡市立青葉小学校へ，平成18年からは校長として静岡市立東源台小学校に赴任し，静岡市立長田南小学校へと転任した。平成25年から26年にかけては静岡市教育委員会教師塾指導教官を務める。

[本文イラスト] 木村美穂

授業づくりサポートBOOKS

新任3年目までに知っておきたい
子どもの集中を引き出す発問の技術

2017年4月初版第1刷刊	©著 者	大　畑　利　則
	発行者	藤　原　光　政
	発行所	明治図書出版株式会社

http://www.meijitosho.co.jp
（企画）林　知里（校正）足立早織
〒114-0023　東京都北区滝野川7-46-1
振替00160-5-151318　電話03(5907)6703
ご注文窓口　電話03(5907)6668

＊検印省略　　　　組版所　株式会社明昌堂

本書の無断コピーは，著作権・出版権にふれます。ご注意ください。

Printed in Japan　　　ISBN978-4-18-182716-8
もれなくクーポンがもらえる！読者アンケートはこちらから →

大好評！ゼロから学べるシリーズ

ゼロから学べる
小学校国語科授業づくり

四六判・176頁・本体1,900円＋税【2334】　　青木伸生 著

教師が子どもに答えを与えるスタイルから、子どもが目的に応じて答えを導き、創り出すスタイルへと授業が転換していく今、国語科ではどんな授業をすべきなのか？　自立した学び手を育てるため、また学び合いのできる子どもを育てるための第一歩がここに。

ゼロから学べる
小学校算数科授業づくり

四六判・176頁・本体1,800円＋税【2101】　　久保田健祐 編著

考える楽しさ・教える楽しさを実感できる算数の授業づくりを実現するはじめの第一歩から、様々な実践をもとにした具体的な手立て、学習方法のテクニックなどを事例に基づいて紹介。算数好きの執筆陣が、算数好きになりたいと考える先生へ贈る、算数授業づくりの入門書。

ゼロから学べる
小学校社会科授業づくり

四六判・176頁・本体1,800円＋税【2221】
吉水裕也 監修　　佐藤正寿・長瀬拓也 編著

社会科は世の中を生きぬくための知恵を育む教科である―単なる暗記科目ではなく、多くの人やモノとの出会いを通じて社会に関心をもち、参画する子を育てるために、社会科授業はどう教えたらよいのか。子どもはもちろん、先生も社会科好きにする、授業づくりの入門書。

ゼロから学べる
小学校図画工作授業づくり

四六判・176頁・本体1,800円＋税【2102】
大橋功 監修　　西尾環・森實祐里 編著

図画工作科を制する者は学級を制する！うまくいっている図画工作の授業には、児童を理解する大きな手がかりがあります。図工が好きな子供たちを育てるとともに、図工室の準備や材料集めのポイント、実際の指導アイデアなど、図画工作科の全体像と要所が分かる入門書。

明治図書　携帯・スマートフォンからは　明治図書ONLINEへ　書籍の検索、注文ができます。▶▶▶
http://www.meijitosho.co.jp　＊併記4桁の図書番号（英数字）でHP、携帯での検索・注文が簡単に行えます。
〒114-0023　東京都北区滝野川7-46-1　ご注文窓口　TEL 03-5907-6668　FAX 050-3156-2790

＊価格は全て本体価格表示です。

大好評！ゼロから学べるシリーズ

ゼロから学べる学級経営
―若い教師のためのクラスづくり入門―

四六判・168頁・本体1,660円+税【1193】　　長瀬拓也 著

授業をする力と同じくらい大切な学級経営の力。教師はそれをどのように学んだらよいのか、どうクラスを成長させていけばよいのか、ゴール・ルール・システム・リレーション・カルチャーという5つの視点（SRRC＝Gモデル）から紐解く、クラスづくりの指南書。

ゼロから学べる授業づくり
―若い教師のための授業デザイン入門―

四六判・168頁・本体1,660円+税【1593】　　長瀬拓也 著

ゼロから授業を見つめ直すこと・新しい学び方を取り入れていくこと・先行実践を大切にすること―ゼロベースから授業を学ぶことが授業づくりの柱となる！授業づくりの「方法」から「学び方」「高め方」まで、よりよい授業者になるためのヒントがぎゅっと詰まった一冊。

ゼロから学べる生徒指導
―若い教師のための子ども理解入門―

四六判・176頁・本体1,700円+税【1769】　　長瀬拓也 編著

力で押さえつける生徒指導から脱却しよう！トラブルが起きる前の予防的生徒指導＆よりよい解決を導くための対応型生徒指導を事例をもとに易しく解説。「指導」とは何か、ゼロから見つめ直すことで、誰もができる効果的な生徒指導について提案します。

ゼロから学べる仕事術
―若い教師のための働き方入門―

四六判・168頁・本体1,700円+税【1770】　　長瀬拓也 編著

若い先生こそ仕事の進め方は意識的に！特に、繁忙期である4月の仕事の仕方、苦しい時の乗り越え方・楽しく仕事をする方法など、知っておけば必ず差がつくコツやアイデアを多数収録。教師の本分である授業を充実させるために、取り入れてほしい工夫が満載です。

明治図書　携帯・スマートフォンからは　**明治図書ONLINEへ**　書籍の検索、注文ができます。▶▶▶

http://www.meijitosho.co.jp　＊併記4桁の図書番号（英数字）でHP、携帯での検索・注文が簡単に行えます。

〒114-0023　東京都北区滝野川7-46-1　ご注文窓口　TEL 03-5907-6668　FAX 050-3156-2790

＊価格は全て本体価格表示です。

困った時こそ成長する！クラスと子どもが伸びる50のワザ

新任3年目までに知っておきたい
ピンチがチャンスになる「切り返し」の技術

松尾 英明 著

A5判・128頁　本体価1,800円＋税　図書番号：1907

学校現場は常に真剣勝負！　対応を間違えてしまうと…大変な目に合うかもしれません。でも、ピンチをチャンスに変える「切り返し」の技術を知っていれば大丈夫。予想＆予防でバッチリ対応し、教師の仕事をもっと楽しむための50の対応術を身につけましょう！

トラブルをチャンスに！クラス集団をまとめる教師の技術

新任3年目までに知っておきたい
子どもがまとまるクラスづくりの技術

中嶋 郁雄 著

A5判・160頁　本体価1,960円＋税　図書番号：2084

クラスを育てるためには、強い「個」を育てることが不可欠である―学級担任としての心構えから、「個」の育て方・集団のまとめ方・保護者対応の仕方まで、子どもたち一人ひとりが本音で取り組み自信を持って輝く、規律あるクラスづくりのための技術が満載！

明治図書　携帯・スマートフォンからは **明治図書ONLINE** へ　書籍の検索、注文ができます。
http://www.meijitosho.co.jp　＊併記4桁の図書番号（英数字）でHP、携帯での検索・注文が簡単に行えます。
〒114-0023　東京都北区滝野川7-46-1　ご注文窓口　TEL (03)5907-6668　FAX (050)3156-2790